"Como líder, hay unos cu [...] de navegar que el del discernimien... .. .. de enseñarle a los demás acerca de esto es aun más aterrador. No obstante, en su libro *La Persona Correcta, el Lugar Correcto, el Plan Correcto*, Jentezen Franklin ha develado la clave para abrir este tema desconcertante. Si usted es líder en la iglesia, en el mundo de los negocios, en la educación o en el hogar, este libro le dará el conocimiento de la vida real que usted necesita para escuchar la voz de Dios y aprovechar al máximo su potencial en cada situación que usted enfrente".

—Ed Young
Pastor Principal, *Fellowship Church*,
Autor de *Gozo Exorbitante y Contagioso*

"Jentezen Franklin revela la sabia influencia y el discernimiento estratégicos que hombres y mujeres pueden ejercer en la vida de los que les rodean. Permita que *La Persona Correcta, el Lugar Correcto, el Plan Correcto* altere su perspectiva y hable a su corazón".

—Joyce Meyer
Autora de libros de mayor venta y maestra de Biblia

"Jentezen Franklin, en este libro que es emocionante y cambia vidas, revela cómo hombres y mujeres que usan discernimiento cambian para siempre la vida de las personas en sus círculos de influencia. Si usted va a leer un libro este año, que sea *La Persona Correcta, el Lugar Correcto, el Plan Correcto*".

—John Hagee
Autor de libros de mayor venta,
Pastor Principal, *Cornerstone Church*, San Antonio, Texas

LA PERSONA CORRECTA
EL LUGAR CORRECTO

EL PLAN CORRECTO

DISCERNIENDO LA VOZ DE DIOS

^{LA} PERSONA CORRECTA
^{EL} LUGAR CORRECTO

^{EL} PLAN CORRECTO

DISCERNIENDO LA VOZ DE DIOS

JENTEZEN
FRANKLIN

WHITAKER
HOUSE

Nota de la casa publicadora: **Todos los énfasis de las citas bíblicas son del autor.**

Traducción al español por: Sara Castillo Ramos.

Nota de la traductora: Para mayor facilidad de traducción, el género masculino, en todas sus formas tanto plural como singular (i.e.: él, ellos, hombre, hombres, hijo, hijos, etc.), se utiliza en este libro en forma inclusiva para referirse a ambos géneros (masculino y femenino).

LA PERSONA CORRECTA, EL LUGAR CORRECTO, EL PLAN CORRECTO:
Discerniendo la voz de Dios
Publicado originalmente en inglés bajo el título
Right People, Right Place, Right Plan: Discerning the Voice of God

Ministerios Jentezen Franklin / Kingdom Connection
P. O. Box 315
Gainseville, GA 30504
www.jentezenfranklin.org

ISBN: 978-0-88368-798-7
Impreso en los Estados Unidos de América
© 2007 por Jentezen Franklin

Whitaker House
1030 Hunt Valley Circle
New Kensington, PA 15068
www.whitakerhouse.com

Library of Congress Cataloging-in-Publication Data
Franklin, Jentezen, 1962–
[Right people, right place, right plan. Spanish]
La persona correcta, el lugar correcto, el plan correcto : discerniendo la voz de Dios /
Jentezen Franklin.
p. cm.
Summary: "Helps believers develop spiritual discernment in order to make wise life-decisions in accordance with the will of God in areas such as marriage, career, finances, and family"—Provided by publisher.
ISBN 978-0-88368-798-7 (trade pbk. : alk. paper) 1. Discernment (Christian theology)
2. Decision making—Religious aspects—Christianity. I. Title.
BV4509.5.F74618 2007
248.4—dc22   2007024005

2 3 4 5 6 7 8 9 10 11 12 **W** 15 14 13 12 11 10 09 08

DEDICATORIA

Este libro está dedicado a los seis primores en mi vida:
Mi esposa, Cherise, sin la cual yo no sería nada;
mis cuatro hijas, Courteney, Caressa,
Caroline y Connar,
y, mi hijo Drake.

Que las lecciones en este libro sean parte del legado
espiritual
que dejo para todos ustedes.

AGRADECIMIENTOS

Un agradecimiento especial a tres de los más grandes hombres de Dios que he tenido el privilegio de conocer: Tommy Tenney, T. F. Tenney, y, Steve Munsey. Su guía ha sido profunda en mi vida.

A mi congregación en *Free Chapel*, que por casi dos décadas me ha amado, me ha apoyado y ha creído en mí. Quiero expresarle mi más sincero agradecimiento.

Por último, un agradecimiento especial a mis compañeros de la televisión, quienes me facilitan llevar el Evangelio alrededor del mundo.

CONTENIDO

Parte I

El Don del Discernimiento

Capítulo uno

Su brújula interna

No sólo de pan vivirá el hombre,
mas de todo lo que sale de
la boca de Jehová.
—Deuteronomio 8:3

En el centro de la China, una persona común y corriente varias veces dejaba caer un pequeño fragmento de hierro sobre una hoja y observaba mientras la hoja flotaba en el agua. Inexplicablemente, cada vez que la hoja dejaba de dar vueltas señalaba hacia la misma dirección. Los historiadores y los arqueólogos ahora creen que así fue como la brújula, la original herramienta de navegación, fue descubierta—incluso años antes que la Biblia fuera escrita.

Ellos no tenían el concepto de norte y sur—el alineamiento natural que buscaba el fragmento metálico—y por mil años nadie descubriría por qué esta solitaria pieza de metal se comportaba de esa manera. Sin embargo, años más tarde, la brújula sería adoptada por los marineros y viajeros que necesitaban la dirección precisa que los llevara a su destino final. Antes de la brújula, estos trotamundos solamente podían mirar a su derredor y fijar su curso según las marcas físicas que les rodeaban. No tenían ni idea de que había una fuerza interna—en este caso, el campo magnético de la tierra—que influenciaba a aquella pequeña pieza de hierro.

En el interior de cada creyente, ordinario y extraordinario, hay una brújula—una fuerza interna—colocada por Dios, esperando ser descubierta y usada para Su gloria. Cuando usted aprenda a usar y confiar en este recurso valioso, usted descubrirá que puede navegar mejor en los mares tormentosos y cielos nublados de la vida.

¿Con quién me casaré?
¿Qué haré con mi vida?
¿Tomo este empleo?
¿Debo invertir dinero en esta oportunidad?

Al parecer, la vida es un interminable ciclo de decisiones que puede alterar toda la dirección de nuestros destinos. Cuán liberador sería si pudiéramos tener acceso a una brújula interna que ajustara la dirección de nuestras vidas hacia un norte verdadero. Sin ella, nos queda mirar alrededor y establecer nuestro curso según las marcas de nuestro mundo físico—nuestras emociones y corazonadas, así como las voces de aquellos que querrían influenciar en nuestro viaje.

¿Qué si pudiéramos confiar en la brújula colocada en el lugar correcto por nuestro Creador? ¿Qué si pudiéramos discernir la voz de Dios en nuestras vidas? Dios desea hablar a su vida, si tan sólo usted pudiera aprender a reconocer Su voz. A través del poder de Su Espíritu Santo, Él le ha dado a usted todo lo que usted necesita para establecer el curso de su vida que lo conducirá a la persona correcta, al lugar correcto y al plan correcto para lograr Su perfecta voluntad para su vida.

LA VOZ DE DIOS

En Génesis, Dios dijo: "Sea" ¡y fue! Los cielos, el globo terráqueo, el suelo y los mares llegaron a existir por medio de la voz de Dios. Luego, leemos: *"Entonces dijo Dios: Hagamos al hombre a nuestra imagen, conforme a nuestra semejanza"* (Génesis 1:26). Fue así que el hombre fue creado a imagen de Dios, quien después puso Su vida en el hombre. *"Entonces Jehová Dios formó al hombre del polvo de la tierra, y sopló en su nariz aliento de vida, y fue el hombre un ser viviente"* (Génesis 2:7). Como imagen de Dios, el hombre era diferente al resto de la creación, pues él era un ser con determinación propia. El hombre tenía una voz en cómo resultaría su vida. Él fue creado a semejanza de Dios.

Inmediatamente, el hombre demostró esto al empezar a dar nombre a todos los animales. Al igual que su Creador, el hombre también podía hablar y llamar las cosas por nombre. El hombre no era un dios en sí, pero podía hablar como Dios y la fuerza de la Deidad estaba en su voz porque Dios había *"soplado en su nariz aliento de vida"*. Dios sopló Su voz en Adán.

Pero Adán y Eva no estaban solos en el huerto. Satanás se introdujo e inmediatamente empezó a trabajar haciendo una grieta para separar al hombre y a la mujer de la voz de Dios. Observe esta propuesta: *"Pero la serpiente era astuta, más que todos los animales del campo que Jehová Dios había hecho; la cual le dijo a la mujer: ¿Con que Dios os ha dicho?"* (Génesis 3:1). Satanás sabía que para derrotar a la raza humana, tenía que separar al hombre de la voz de Dios. Usted conoce el resto de la historia. Satanás dijo: *"El día que comáis de él, serán abiertos vuestros ojos, y seréis como Dios"* (Génesis 3:5). ¿No le parece que hay algo extraño ahí? ¡Qué del hecho de que ellos ya eran como Dios! Ellos habían sido creados a la semejanza de Dios.

Aquí es donde vislumbramos la estrategia del enemigo en su vida: él hará todo lo que pueda para hacer que usted escuche la voz de él y no la voz de Dios. Nada mejor le gustaría a él que sugerir la dirección de su vida. Él le dirá que usted tiene que ser alguien más—alguien diferente a la persona que Dios quiere que usted sea. ¿Por qué otra razón le sugeriría a Eva que ella podía ser *"como Dios"*, implicando que Eva no era creada a la imagen de Dios? Talvez sea por eso que muchas personas pasan toda la vida tratando de impresionar a otros siendo algo que no son. Sus vidas son carcomidas por la frustración y el remordimiento. Ellos no entienden que Dios los creó a Su imagen. Usted no tiene que ser alguien que no es—usted ya es quien Él quiere que usted sea.

A pesar de todo, Dios se paseaba por el huerto en el frescor del día. ¿Qué hicieron Adán y Eva? Ellos se escondieron al oír la voz de Dios. Desde ese momento en adelante, el Antiguo Testamento se convierte en una crónica de relaciones de amor–odio de la humanidad con la voz de Dios.

> Usted no tiene que ser alguien que no es—usted ya es quien Él quiere que usted sea.

En Éxodo, Dios habló con Moisés a través de una zarza ardiendo, y, tiempo después, le dictó los Diez Mandamientos completos con destellos de luz y humo. Las Escrituras dicen que el pueblo temblaba y le dijeron a Moisés: *"Habla tú con nosotros, y nosotros oiremos; pero no hable Dios con nosotros, para que no muramos"* (Éxodo 20:19). Mire cuan bien estaba funcionando el plan de Satanás. El hombre cambió de hablar con Dios en el huerto a tener miedo de Su voz. Satanás así había pervertido la relación del hombre con Dios a tal punto que pensaron que solamente el oír Su voz podía matarlos. El plan de Satanás no es diferente hoy en día. Él lo convencerá a usted de que si escucha a Dios eso destruirá su relación, su carrera y su diversión. Él le dirá a usted que la Palabra de Dios eliminará su vida.

Al final, las cosas salieron tan mal que Dios, en efecto, dijo: "Está bien, ¿ustedes ya no quieren más Mi voz? ¿Ustedes no quieren que Yo les hable? Magnífico. Denlo por hecho". Con eso, Su Palabra, se detuvo. Las Escrituras cesaron—trayendo un abrupto fin al Antiguo Testamento.

Y por cuatrocientos años la voz de Dios estuvo silenciada.

Posteriormente, ese silencio fue roto por *"la voz del que clama en el desierto"* (Mateo 3:3). El libro de Juan no deja dudas de que Dios estaba listo para hablar otra vez: *"En el principio era el Verbo, y el Verbo era con Dios, y el Verbo era Dios. ... Y aquel Verbo fue hecho carne, y habitó entre nosotros"* (Juan 1:1, 14). Dios había roto el silencio, y ahora Su voz tenía piel y huesos.

Cuando Jesús inició Su ministerio, después de ser bautizado en el Río Jordán, fue la voz de Dios la que confirmó que Jesús era Su Hijo: *"Y hubo una voz de los cielos, que decía: Este es Mi Hijo amado, en quien tengo complacencia"* (Mateo 317).

¿No puede usted imaginarse a los demonios temblando? La voz de Dios estaba en el huerto, la voz que se paseaba con *"el aire del día"* (Génesis 3:8), aquella voz estaba de regreso sobre el planeta hablando a las vidas de Su amada creación. La Palabra de Dios volvía a desplegar su poder. Jesús le habló a una tormenta y ella se detuvo. Jesús le habló a Lázaro y Lázaro salió de la sepultura. Jesús le habló al árbol de higuera y éste marchitó. Cuando Sus seguidores expresaron asombro porque el árbol se secó, Jesús les informó: *"De cierto os digo, que si tuviereis fe, y no dudareis, no sólo haréis esto de la higuera, sino que si a este monte dijereis: Quítate y échate en el mar, será hecho"* (Mateo 21:21).

Ya era un hecho oficial. La voz de Dios no solamente estaba activa de nuevo, sino que estaba libre de obrar en las vidas de aquellos que clamaran por Él. Dios no había terminado la obra en la vida de Su pueblo. De hecho, Él apenas empezaba.

LA VOZ DE DIOS EN SU VIDA

¿Cómo puede usted descubrir esa dirección interna y especial que Dios le dio únicamente a usted? ¿Cuál es el plan de Dios para su vida? Muchas mujeres en la actualidad pueden sentir muchas cosas menos que son especiales a medida que tratan de cumplir con las constantes exigencias de la carrera, la iglesia y la familia. Ellas se sienten excluidas, estresadas y abrumadas. Actualmente, la mayoría de hombres está confundida mientras el mundo trata de feminizarlos y luego esperan de ellos que sean "hombres verdaderos" al satisfacerles cada uno de sus deseos. Ellos se sienten marginados, brescados y bajo ataque.

Dios lo ve a usted como alguien extraordinario y Él desea usarlo a usted de manera extraordinaria. Él está buscando hombres y mujeres que se atrevan a creer que ellos pueden hacer la diferencia. Hoy en día, el cuerpo de Cristo (la Iglesia) debe abrir sus oídos espirituales para oír y reconocer la voz del Todopoderoso. ¿Será que Dios quiere usarlo a usted como un jugador principal de Su reino en estos últimos días?

Yo tenía seis años de edad, tomaba el baño un sábado por la noche con mis soldados G. I. Joe, cuando empecé a cantar el himno de Bill Gaither *"El Rey viene"*. Mi madre, que estaba escuchando, entró al baño y me dijo: "Jentezen, los músicos de nuestra iglesia salen de la ciudad mañana y tu papá me pidió que me hiciera cargo de la música. Ya lo tengo todo en orden, excepto la música especial para la ofrenda. ¿Querrías cantar ese himno mañana durante el ofertorio? Ella continuó presionando, sin aceptar ninguna respuesta negativa.

"Lo haré si me paga veinte dólares", dije finalmente.

"¡Trato hecho!"

Mi madre leyó entre líneas, percibiendo algo acerca del destino de su hijo a través del discernimiento espiritual. Sin embargo, ninguno de nosotros sabía que cantar aquel himno al día siguiente me lanzaría al ministerio.

Créalo o no, todavía recuerdo ese día. Las lágrimas fluían mientras la congregación era conmovida. El tierno toque de

Dios vino sobre mi vida. Más tarde empecé a cantar en el coro y a tocar la batería, el saxofón y el piano, lo cual me llevó a aceptar mi llamado a predicar.

Actualmente pastoreo una iglesia maravillosa llena de miles de personas y alcanzo a millones por medio de la televisión. Pero todo esto fue iniciado por el asombroso discernimiento de mi madre.

Hay cosas que usted sabe y no las puede explicar. Primera de Juan 2:20, dice: *"Todos ustedes, en cambio, han recibido unción del Santo, de manera que conocen la verdad"* (NVI). Todos los creyentes tenemos una unción, un toque espiritual de Dios, que nos provee notable visión. A través del Espíritu Santo, por quien fluyen todos los dones, la gracia y un mayor conocimiento de Dios, usted tiene información interior acerca de cuál es la voluntad de Dios.

> **Todos los creyentes tenemos una unción que nos provee visión.**

Dios le ha dado a cada creyente ordinario un don extraordinario. Él le ha dado a usted una brújula interna para guiar y discernir las cosas acerca de sus hijos, su esposa, su familia, su carrera y sus finanzas.

Este discernimiento no proviene de sabiduría humana, proviene de Dios. En los siguientes cinco capítulos, usted aprenderá a:

- Activar la voz del Espíritu Santo.
- Confiar en su voz interior de discernimiento.
- Aplicar el discernimiento a la vida diaria.
- Lograr una gran diferencia en la vida de sus seres queridos tan sólo siendo usted mismo.

Como pronto verá, ésta será la lección más importante que usted jamás haya experimentado mientras cumple con su asignación de convertirse en el hombre o mujer que Dios diseñó que usted fuera.

Capítulo dos

UN SENTIR POR LO REAL:
DISCERNIENDO LA VOZ DE DIOS

Para que busquen a Dios, si en alguna manera,
palpando, puedan hallarle, aunque ciertamente
no está lejos de cada uno de nosotros.
—Hechos 17:27

Alguna vez ha estado usted en su casa leyendo un libro cerca de la luz y de repente una mariposa nocturna (o polilla) revolotea alrededor suyo? Usted apenas la nota; es un pequeño insecto.

¿Sabía usted que en las Escrituras una sola vez se le compara a Dios a una mariposa nocturna? El profeta Oseas pastoreó al pueblo de Dios durante uno de los períodos más prósperos de Israel. Con el tiempo, en medio de su prosperidad, Israel empezó a reincidir y Oseas se les advirtió: *"Yo* [Dios], *pues, seré como polilla a Efraín* (Oseas 5:12). Pero dos versículos más adelante, Él dice: *"Porque Yo* [Dios] *seré como león a Efraín"* (versículo 14). La profecía de Oseas a Israel revela un gran concepto de discernimiento. Esta demuestra como Dios habla a Su pueblo.

Si usted fuera receptivo y obediente a la voz del Espíritu Santo cuando Dios quiere guiarlo, Él jamás lo golpeará a usted con ninguna cosa más poderosa que una polilla. Sin embargo, si usted es insensible y se resiste a escuchar Su voz, Él vendrá hacia usted como un león. Dios es tierno. Su primera elección para captar su atención es empujarlo suavemente con el codo en la dirección correcta. Él no quiere que se oiga un rugido. Si usted abre la puerta de su armario y una polilla sale volando, entonces quizás usted no la note. Pero si usted fuera sorprendido por el rugir de un león, eso probablemente si captaría su atención.

Es algo hermoso ser guiado tiernamente por el Espíritu Santo. Tan ligero como una mariposa nocturna, Dios está tratando de dirigirlo a usted y mostrarle Su camino; Su preferencia no es recurrir al león para perseguirlo a usted hasta llevarlo a la dirección correcta—pero Él lo hará (si fuere necesario). *"Andaré y volveré a mi lugar, hasta que reconozcan su pecado y busquen mi rostro. En su angustia me buscarán"* (Oseas 5:15).

Cuando no seguimos la tierna dirección de la Palabra de Dios y del Espíritu Santo, entonces nos volvemos insensibles a Su presencia. La persona insensible espera que el león venga, antes de creer que es Dios el que les está diciendo algo. Algunas personas dicen: "Bien, si Dios no quiere que lo haga, entonces Él necesita enviar algo para detenerme". De nuevo, el deseo de Dios es utilizar la tierna dirección del Espíritu Santo (con la polilla), pero si permanecemos tercos o insensibles a esto, Él captará nuestra atención de una manera u otra (con el león).

Un ejemplo dramático de este método polilla-león se encuentra en 2da Samuel. El rebelde hijo del rey David, Absalón, envió por Joab para enviar con él un mensaje a su padre. Pero Joab no llegó. Por segunda vez Absalón envió por él, pero Joab le desobedecía. Finalmente, Absalón mandó a sus criados a prenderle fuego a los campos de cebada de Joab. Con su sembradío ardiendo, Joab vino corriendo ante Absalón y le preguntó: "¿Por qué tus criados le han prendido fuego a mis campos?" A esto, Absalón, respondió: "Envié por ti una vez y otra vez, y, no viniste. Así que le prendí fuego a tus campos de cebada como último recurso para captar tu atención" (Véase 2 Samuel 14:29–31).

Un sentir por la voz de Dios

Probablemente se estará preguntando: *¿Cómo hago para activar este discernimiento en mi vida? ¿Cómo hago para reconocer el susurro profético de Dios?*

En cierta ocasión escuché a un oficial de la Tesorería de los Estados Unidos que tenía como trabajo identificar los billetes falsos de un dólar. Él expresó: "La clave para identificar un billete falso es pasar horas y horas tocando los verdaderos". En otras palabras, usted tiene que adquirir un "sentir por lo verdadero"si usted quiere identificar lo falso.

A medida que usted pase tiempo con Dios orando y estudiando Su Palabra, usted desarrollará un sentir por la voz de Dios. Instantáneamente usted empezará a reconocer cuando algo no se siente bien en su espíritu.

En Génesis 27, Isaac pudo haber evitado ser engañado si él hubiera tenido un "sentir por lo verdadero". Jacob, su hijo menor, quería la bendición que le pertenecía a Esaú, su hermano mayor. Para lograrlo, Jacob tenía que convencer a su padre para que le diera la bendición. Así que, Rebeca, la madre de Jacob, se inventó una treta astuta para engañar al anciano Isaac, a quien, además, su vista empezaba a fallarle. Jacob imitó la voz de Esaú y cubrió sus brazos con pieles de animales para disfrazarse como su hermano mayor, quien era más velludo que él. Al pretender ser Esaú, Jacob engañó a su padre y obtuvo la bendición que tradicionalmente se reservaba para los hijos primogénitos (Véase Génesis 27:22). Mostrando una ligera sospecha al sonido de esta extraña voz, Isaac palpó el brazo de Jacob para asegurarse que en realidad era Esaú. Nótese que el anciano pudo haber discernido el fraude si él hubiera confiado en sus oídos. Debemos ser cuidadosos porque con frecuencia la voz del error puede sonar casi idéntica a la voz de la verdad.

Usted debe aprender a confiar en sus oídos espirituales. Jesús dijo: "*Y las ovejas le siguen* [al pastor], *porque conocen su voz* (Juan 10:4). Isaac supo que algo no andaba bien cuando oyó la voz de Jacob. Él tocó el brazo de Jacob y se dejó engañar por el tejido velludo. No obstante, la verdad espiritual no necesariamente puede ser juzgada por las circunstancias externas. Aunque Isaac era lo suficientemente viejo para reconocer el engaño, nosotros debemos comprender que nunca somos demasiados viejos para ser engañados. Nunca alcanzaremos el

> Usted debe aprender a confiar en sus oídos espirituales. Con frecuencia las personas confunden otras voces con la de Dios.

lugar donde no tengamos que afinar nuestra sensibilidad espiritual. Usted necesita manejar la Palabra de Dios lo suficiente para distinguir entre la verdad y el error.

Con frecuencia las personas confunden otras voces con la de Dios. El don del discernimiento separa las voces falsas de la verdadera. Algunas cosas no se perciben como correctas. Esto no necesariamente significa que Dios no le esté hablando a usted, pero si hay cierta reserva en su espíritu, usted debe esperar para que Dios le de la luz verde y confirme su sentir antes de proceder.

Si usted siente que algo no es correcto, puede ser que ello no esté de acuerdo al tiempo de Dios. El hijo pródigo hubiera recibido su herencia sin experimentar tanta pena si tan sólo él hubiera esperado el momento oportuno de su padre. Hechos 17:27, dice: *"Para que busquen a Dios, si en alguna manera, palpando, puedan hallarle, aunque ciertamente no está lejos de cada uno de nosotros".* Así como el oficial de la tesorería, nosotros podemos llegar a estar tan familiarizados con la voz de Dios, que somos capaces de reconocer inmediatamente la falsa voz de Satanás cuando la oímos.

Rindiéndonos a la falsificación

¿Alguna vez ha pensado haber oído a Dios diciéndole algo, solamente para descubrir más tarde que usted no escuchó del todo a Dios? Hasta que usted aprenda a discernir con exactitud la voz de Dios, usted tendrá la tendencia a cometer algunos errores.

No hace mucho tiempo, yo sufrí una humillante experiencia en esta área. Mi esposa y yo habíamos salido una noche. A los niños los dejamos en casa con instrucciones estrictas de lo que era permitido y lo que no. Como era época de Navidad, habían sido colocadas muchas candelillas alrededor de la casa, una de las instrucciones era que no jugaran con fósforos. Fuimos muy claros en eso: no había que encender las candelas.

Cuando regresamos a casa de nuestro paseo, quedamos impresionados de que algunas velas habían sido encendidas. Nos dimos cuenta de esto porque como cuerpo del delito habían dejado un rastro de cera derretida en el piso de madera. Rápidamente llamé a los niños a formación para interrogarlos.

"¿Quién encendió estas velas?" Pregunté.

Todos lo negaron. Les expliqué que si confesaban, su castigo sería menos severo. Aún así, nadie lo admitía. Yo entonces, repasé la lista de nombres uno por uno. "¿Tú hiciste esto?"

Los cinco niños negaron cualquier implicación. Mi esposa y yo entendimos que uno de ellos no estaba diciendo la verdad. Les preguntamos repetidamente, pero todavía no había confesión. Empezábamos a sentirnos molestos, no tanto por lo de las candelillas, sino porque sabíamos que uno de ellos estaba mintiendo.

La atmósfera se volvía pesada a cada minuto. Advertimos a los niños del peligro de mentir y que yo predicaba cada sermón sobre el tema. Para cuando terminé con mi pequeña sermoneada, ¡los tenía a todos colgando de un hilo sobre las llamas del infierno! Repetidamente les advertía: "Esta es su última oportunidad. ¿Quién lo hizo?"

Para nuestro asombro, un profundo silencio llenó la sala. Sin embargo, no habíamos terminado. Nuestra siguiente táctica era separar a los niños, esperando que uno de ellos se rindiera y "traicionara" al culpable.

Después de hablar con cada uno de los niños, parecía que nuestra hija mayor estaba ocultando la verdad. Nosotros actuábamos como dos duros y avezados detectives del Departamento de Policía de New York. Nosotros la acribillamos con una pregunta tras otra tratando de obtener la confesión, o al menos que hiciera salir a flote su débil historia.

Aunque su historia se mantuvo igual, también se mantuvo la máscara de culpabilidad que percibí en su rostro. Yo estaba convencido de que ella me estaba mintiendo. Finalmente, resolvimos el caso que habíamos estado investigando cuando su hermana Carolina entró a la sala. Ella dijo: Admítelo, Courteney. Yo no te ví encendiendo la candela, pero te ví viendo TV en ese cuarto y tocándola".

¡Al fin, un testigo! Para nuestro asombro, ella se mantuvo negándolo. Finalmente, siendo el padre que todo lo sabe, pronuncié mi juicio: "Courteney, no tienes que admitirlo. Siento en mi espíritu que tú lo hiciste. Siento que Dios me ha revelado que tú eres la culpable".

Le di una nalgada y la mandé a su cuarto. Antes de que abandonara la sala, le advertí: "Courteney, tú no puedes engañar al Espíritu Santo. Puedes engañar a tus padres, a tus maestros u otras figuras de autoridad, pero no puedes engañar a Dios. Él siempre sabe la verdad".

Una hora más tarde, Carolina vino hacia nosotros llorando. Ella admitió: "Yo lo hice. Lo lamento. No quería meterme en problemas. ¡Fui yo!"

La familia entera se reunió para recordarme que yo le había dado una nalgada a una niña inocente, y lo que es peor, lo hice porque sentí que Dios me estaba diciendo que ella era la culpable.

"Yo pensé que usted lo sintió en su espíritu, papá", dijo uno de ellos. Otro de la sala, acusó: "Si, papá. ¿Dios le dijo a usted que nalgueara al niño equivocado, cierto?

Le ofrecí una disculpa a mi hija. Yo estaba apenado porque la había juzgado mal, y le dije que esa disciplina contaría como crédito para ella en el futuro. Yo estaba muy seguro que ella la iba a necesitar un día. En cuanto a Carolina, déjeme decirle que su conciencia se sintió mejor, pero su posadera no. Con los años, este incidente ha llegado a ser una de las bromas de la familia de la que todavía nos reímos hoy. Sin embargo, esto puede servir como un recordatorio de que el discernimiento de la voz de Dios puede tomar algún método de tanteos.

La persona interior

Existen muchas voces en el mundo. Está la voz de Dios, la voz del diablo, las voces de las personas y su propia voz interior. ¿Cómo discierne usted entre la voz de Dios y la de los otros? ¿Cómo sabe usted la diferencia entre una palabra que proviene del Señor y la producida por el comer mucha pizza, y la que es peor, por los gases gástricos?

La Biblia nos dice: *"Pues Dios no es Dios de confusión"* (1ra Corintios 14:33). Era fácil en el Antiguo testamento. Cualquiera fuera la dirección que Dios quería que los israelitas tomaran, Él solo movía la nube y los guiaba. Cuando la nube se movía, ellos se movían. Cuando la nube se detenía, ellos se detenían (Véase Números 9:21–22).

Hoy es un poco más complejo. La nube del Antiguo Testamento se ha movido hacia el interior de nosotros. *"El espíritu humano es la lámpara del Señor, pues escudriña lo más recóndito del ser"* (Proverbios 20:27, NVI). La manera en que Dios nos habla y nos guía es por medio de nuestros espíritus. Tenemos que ser conscientes de nuestros espíritus para oír la voz de Dios y recibir Su dirección. Primera de Tesalonicenses 5:23, dice: *"Y el mismo Dios de paz os santifique por completo; y todo vuestro ser, espíritu, alma y cuerpo, sea guardado irreprensible para la venida de nuestro Señor Jesucristo"*. Somos un espíritu, viviendo dentro de un cuerpo y poseemos un alma, la cual es nuestra mente, voluntad, y emociones.

> Dios le guía no por medio de su mente carnal o su carne, sino por medio de su espíritu.

En el Antiguo Testamento, Dios habitaba dentro de un templo con un atrio exterior, un atrio interior y un Lugar Santísimo. Pero bajo el nuevo pacto, Él tiene a un pueblo como Su templo. Nuestro cuerpo es el atrio exterior, nuestra alma—o nuestra mente—es el atrio interior, y, nuestro espíritu es el Lugar Santísimo. Dios ahora habita en una casa de tres habitaciones: el cuerpo, el alma y el espíritu.

Cuando Dios lo dirige a usted, Él no lo hace por medio de su mente carnal o su carne, sino por medio de su espíritu. Cuando usted nace de nuevo, su espíritu nace de nuevo. Efesios 3:16, dice: *"Para que os dé...el ser fortalecidos con poder en el hombre interior por su Espíritu"*.

Primera de Pedro 3 habla de la persona oculta en su corazón: *"Sino el interno, el del corazón, en el incorruptible ornato de un espíritu afable y apacible, que es de grande estima delante de Dios"* (versículo 4). Por lo tanto, usted tiene esta persona oculta en su interior. Ese es su espíritu eterno. Debido a que su espíritu interior nace de nuevo, ésta está más "en sintonía" con el Espíritu de Dios de lo que lo está su carne. Usted no puede hacer que su persona interior se goce con el pecado. Si usted comienza a hacer algo equivocado, su voz interior le dirá: "Oiga, ¿qué está haciendo? No me gusta eso".

Antes de que naciera de nuevo, a usted nunca le preocupó hacer ciertas cosas; pero ahora que usted ha nacido de nuevo, Dios está viviendo dentro de su hombre interior y quiere hacerlo semejante a Jesús. Su espíritu lo conecta con Dios y tiene una voz, y, usted necesita comenzar a escuchar porque su éxito depende no de ser dirigido por su mente, su emoción o su carne, sino por medio de su espíritu.

Dios ha colocado algunos indicadores—casi como un sistema de alarma espiritual—dentro de nuestros espíritus. Aquí tenemos cinco indicadores que usted necesita reconocer para discernir la voz de Dios.

1. *Su espíritu puede ser conmovido.*

En Hechos leemos: *"Mientras Pablo los esperaba en Atenas, su espíritu se enardecía viendo la ciudad entregada a la idolatría"* (Hechos 17:16). Nótese que no necesariamente fue Pablo el conmovido y provocado, sino su espíritu.

¿Hace Dios que usted se conmueva por algo o por alguien? Quizás es un amigo suyo que no ha visto o alguien de quien usted no ha pensado por mucho tiempo, pero Dios empieza a mover su corazón por aquella persona. Algunas veces, es la voz de Dios hablando a su espíritu, instándole a reconectarse con esa persona porque Él necesita que le ministre. De manera similar, Él puede usar estas conmociones para mostrarle a usted el lugar a donde debe ir, una tarea que completar, o un llamado por su vida.

2. Usted puede ser guiado por su espíritu.

Romanos dice: *"Porque todos los que son guiados por el Espíritu de Dios, éstos son hijos de Dios"* (Romanos 8:14). Algunas veces Dios le dará a usted algunas *directrices* dentro de su espíritu. Cuando el espíritu es guiado, el Espíritu Santo le está instando a hacer alguna cosa. Cuando usted está consciente del Espíritu, Dios puede usarlo para hacer grandes cosas, ya sea que comparta el Evangelio con algún oyente receptivo o enviando $20 a alguien que usted siente que puede estar en necesidad.

3. Su espíritu puede tener propósito.

Regresando a Hechos, dice: *"Pasadas estas cosas, Pablo se propuso en espíritu ir a Jerusalén, después de recorrer Macedonia y Acaya"* (Hechos 19:21). Pablo se propuso no en su mente o en su carne, sino *"en el Espíritu".* Juan 4:24, dice: *"Dios es Espíritu, y los que le adoran, en espíritu y en verdad es necesario que adoren".* Nos conectamos directamente con el Espíritu de Dios por medio de nuestro espíritu, no por medio de la carne, ni por medio del alma o la mente. Por consiguiente, si usted va a hacer lo que Dios quiere que usted haga, usted debe proponérselo en su espíritu, no en su mente o emociones. Si yo, en mi carne, me propongo adorar a Dios, entonces no lograré mucho con mi adoración. Si en mi carne me propongo ir a la iglesia, entonces no iré con frecuencia. Pero cuando me propongo, en mi espíritu, adorar a Dios, Él saca mi involuntario cuerpo de la cama y dirige mi mente indomable hacia Dios una vez que vaya a la iglesia.

Cuando comenzamos a edificar nuestra nueva instalación de adoración, me propuse en mi espíritu que lo íbamos a construir. Generalmente, hay un tiempo de miseria divina antes de que haya un cambio divino. Recuerdo sentir una urgencia por el programa de construcción. Empecé a recibir confirmación bíblica y un mover en mi espíritu de que Dios estaba diciendo: "Ahora es el momento para construir".

Algunas personas dijeron que no lo lograríamos. No obstante, cuando el propósito se apodera de su espíritu, todas las cosas son posibles. Su espíritu está conectado al Espíritu de Dios. Usted no puede permitir que su carne o su mente le digan a usted lo que tiene que hacer. Usted debe proponerse en su espíritu obedecer la voz de Dios y cumplir con lo que Él lo ha llamado a hacer.

4. Usted puede estar ligado en su espíritu.

Hechos 20:22 declara: *"Ahora, he aquí, ligado yo en espíritu, voy a Jerusalén, sin saber lo que allá me ha de acontecer"*. El espíritu de Pablo estaba ligado a Jerusalén. Él no sabía si iba a ser bien recibido o rechazado—eso no importaba. Cuando Dios quiere ponerlo a usted en algún lugar, Él lo liga en espíritu a ese lugar.

Yo estoy ligado en el espíritu a la iglesia que pastoreo; estoy ligado en el espíritu a mi esposa. Cuando Dios lo liga a usted en el espíritu, es difícil dejar ese lugar o persona porque su espíritu está unido a ese lugar o persona. No permita que su mente o sus emociones hagan que usted se aleje de algo a lo cual Dios le ha ligado en espíritu. Mantenga el curso y no dimita. No se rinda, pues podría perderse del plan poderoso de Dios.

No solamente vaya a una iglesia; permita que Dios lo ligue en espíritu a un lugar. Los lugares son importantes—Dios creó los lugares antes de crear a las personas. Dios específicamente creó el Huerto del Edén para Adán y Eva y los colocó allí (Véase Génesis 2:7–8). Muchas personas se frustran por estar en un lugar específico; ellas están en el lugar equivocado. Permita que Dios ligue su espíritu al lugar correcto, la persona correcta y al plan correcto para su vida.

5. Su espíritu le puede dar a usted paz con respecto a la dirección correcta.

Segunda de Corintios 2:12–13, dice: *"Cuando llegué a Troas para predicar el evangelio de Cristo, aunque se me abrió puerta en el Señor, no tuve reposo en mi espíritu"*. Solamente porque una puerta está abierta eso no significa que usted está supuesto a pasar por ella. Es entonces que usted necesita la guía del Espíritu Santo. ¿Comprende usted que si Pablo hubiese continuado su viaje en la dirección que llevaba, hacia Asia, puede que él nunca hubiera llegado a Macedonia y a Roma? Por ende, Europa, los Estados Unidos de Norteamérica y el mundo occidental no hubieran recibido el Evangelio cuando ellos lo hicieron e incluso puede que hubieran permanecido siendo paganos.

La puerta estaba abierta de par en par, pero Pablo dijo: *"No tuve reposo en mi espíritu"*. Algunas veces la determinante voluntad de Dios es así de sencilla: Si no tiene reposo en su espíritu, no lo haga. La falta de reposo divino en su espíritu generalmente es la manera en que Dios dice no.

Si no tiene reposo en su espíritu acerca de una relación o una decisión mayor que está supuesto a tomar; entonces, yo le animo a que tome tiempo para orar. *"El que creyere, no se apre-sure"* (Isaías 28:16). He aprendido que Dios siempre está en lo correcto. Si yo sigo Su toque, Él nunca me engaña. Recuerde, Dios ha prometido dar sabiduría a Sus hijos si ellos la buscan (Véase Santiago 1:5). El deseo de Dios es que usted pueda oír Su voz.

Capítulo tres

El asentimiento de Dios:
Discerniendo la voluntad de Dios

Reconócelo en todos tus caminos,
y Él enderezará tus veredas.
—Proverbios 3:6

Es ésta la voluntad de Dios o no? Esta es una pregunta que usted tendrá que hacerse en más de una ocasión durante toda su vida. Al igual que podemos desarrollar el oído para reconocer la voz de Dios, el discernimiento para conocer la voluntad de Dios también está disponible al creyente. Yo le llamo "el asentimiento de Dios", cuando en el interior usted siente un sí divino acerca de algo.

En Números 22, Balac trató de sobornar a Balaam, el profeta, para que maldijera a los israelitas. Balaam consultó con Dios si él debía hacer eso. Cuando Dios le dijo no, Balac de nuevo tentó a Balaam ofreciéndole más dinero. Una palabra al sabio: Nunca se mueva simplemente por más dinero. Balaam volvió a orar y a pedirle a Dios por segunda vez que le permitiera maldecir a Israel. No importa cuánto dinero esté envuelto, Dios no cambiará Su manera de pensar.

Balaam, de quien estoy seguro podía hacer uso de ese dinero, estaba tratando de hablar con Dios para hacer lo que él quería en vez de cumplir con la voluntad de Dios. Esto me recuerda cuántas personas toman decisiones sin tener el asentimiento de Dios que los acompañe. Ellos tratan de conseguir que Dios bendiga las decisiones y relaciones cuando Él ya ha dicho: "No. No creo que esa elección sea correcta para ti. Yo tengo a alguien o algo mejor para ti". Así como Balaam, nosotros vamos a Dios tratando de cambiarle Su pensamiento. Pero Dios lo ha dejado bien claro: *"Porque yo Jehová no cambio"* (Malaquías 3:6). Si Dios no cambia, adivine ¿quién es el que tiene que cambiar?

Con frecuencia fallamos en preguntarle a Dios cómo se siente Él acerca de nuestras relaciones, nuestras inversiones financieras y de las decisiones importantes que tomamos. En cierta ocasión, yo quería comprar una casa en una buena zona residencial. Yo ya veía a mi familia viviendo allí, pero cuando oré por la casa, parecía como si el teléfono del cielo era privado. Aunque yo le dije a Dios que la compra de la casa era buena y que sería una gran inversión para nosotros, no pude obtener la aprobación de Dios para comprar esa casa. Debo agregar que mi esposa estaba de parte de Dios y tampoco ella pensaba que la casa era la correcta para nosotros.

Me mantuve por varios días regresando a ver la casa y pidiéndole a Dios en oración por paz para comprar la casa, pero no podía conseguir la paz. Desilusionado, dejé pasar la compra de la casa. Meses más tarde, supe que la casa estaba en malas condiciones y que iba a necesitar de una mayor reconstrucción. Si yo no hubiera escuchado las voces de Dios y de mi esposa, esa casa me hubiera costado muchos miles de dólares.

Proverbios 3:6, dice: *"Reconócelo en todos tus caminos, y Él enderezará tus veredas"*. Su parte es reconocerlo a Él; la parte de Él es dirigir su camino. Puede que usted realmente quiera comprar un carro o una casa nuevos, pero ore por eso primero y espere el asentimiento de Dios. He aquí una dura pregunta para hacerse a usted mismo cuando usted trae una decisión ante Dios: *¿está usted dispuesto a oír el no de Él?*

Repetidas veces Balaam continuó pidiéndole a Dios que lo dejara ir, hasta que Dios dijo: "Está bien, si tú quieres ir, entonces ve". Esto me trae al recuerdo a mi hijo de siete años pidiéndome: "Papi, ¿puedo ir a jugar afuera? Y yo digo: "No. Afuera hace mal tiempo. No puedes ir". Cinco minutos más tarde, él regresa suplicante: "Papi, Papi. ¿Puedo ir ahora? ¿Puedo? ¿Sí? Por favor, por favor, Papi". En algún momento, agotada la paciencia y cansado de que me estuviera pidiendo permiso, en mi frustración, le dije: "Si deseas tanto salir, entonces ve". En realidad yo no estoy dando mi autorización; lo que en realidad estoy diciendo es: "Te desafío a hacerlo". Yo sé que si él sale con ese tiempo malo, él va a sufrir las consecuencias. Probablemente se resfríe.

> Si usted persiste sin el asentimiento de Dios, puede que Él le dé lo que usted pide—literalmente.

De la misma manera, Dios le dijo a Balaam: "Si tú quieres ir, si tú insistes en ir contra Mi voluntad, entonces, ve". Aquí hay una terrible verdad: llega un momento en que, si usted obstinadamente continúa persistiendo en algo que no tiene la aprobación de Dios, puede que Él le dé lo que usted pide—literalmente. Eso siempre lo llevará a usted por un camino doloroso.

Balaam cabalgó en su asno para maldecir a Israel, pero Dios puso un ángel en su camino para detenerlo. El asno de Balaam vio al ángel en medio del camino, pero el profeta no. Algunas veces nosotros no podemos ver lo que debemos, pero Dios es bastante benévolo para rodearnos con aquellos que pueden ver, hasta que nosotros podamos verlo por nosotros mismos. ¿Alguna vez ha sido usted tan obstinado, tan fuera de la voluntad de Dios, que nadie podía razonar con usted? El asno era amigo de Balaam, pero Balaam le pegó sin misericordia porque no quería seguir apoyándolo en su viaje contra la voluntad de Dios. Luego, de manera sobrenatural Dios abrió la boca del asno y permitió que le hablara a Balaam.

Esta tiene que haber sido la conversación más inusual del mundo. ¿Puede usted imaginarse a estos dos asnos hablándose el uno al otro? Uno de ellos era un asno de cuatro patas, y, el otro era un asno de dos patas. Lo extraño era que el asno de cuatro patas era el más inteligente de los dos.

Balaam continuaba dándole punta pies y golpeando al asno. Pero en realidad, él debía haber estado besando a ese asno porque estaba tratando de salvarle su vida. Cuando somos obstinados y actuamos en contra de la voluntad de Dios, algunas veces damos punta pies y maltratamos a las personas bien intencionadas. Los jóvenes les dan punta pies a sus padres y aceptan amistades destructivas. Los esposos y las esposas les dan punta pies a sus cónyuges al aceptar relaciones destructivas y divisivas.

Finalmente, Balaam vio por qué el asno estaba tratando de que él se regresara. Cuando usted va en una dirección que no tiene la aprobación de Dios, más tarde o más temprano, usted verá que el camino de Dios es el camino correcto. Usted inmediatamente debe devolverse, tragarse su orgullo, y, agradecerles a todas las personas que tuvieron el valor de decirle a usted la verdad. Aún cuando usted estuvo ciego por la codicia y el egoísmo, Dios fue fiel en ponerle personas en el camino para guardarlo de caer al abismo.

Yo no quiero ser como Balaam, un insensato sobre una mula camino a la destrucción. Si yo estuviera listo para complicar mi vida, quiero que Dios me detenga. Cuando usted espera por el asentimiento de Dios antes de actuar, eso es como un anticipado sistema de alarma que detecta las minas y los proyectiles del enemigo antes de que ellos sean visibles al ojo natural. De mis años de experiencia, he aprendido a hacerle caso a las advertencias de Dios. Cada vez que me las sacudo como si fueran un simple caso de indigestión o una pura coincidencia, lo he tenido que lamentar después. Cuando usted está a punto de tomar una decisión importante y siente un "examina tu espíritu", o tiene un sentir de que algo está mal, es mejor que escuche y espere por la aprobación de Dios.

Cuando usted tiene el asentimiento de Dios en sus decisiones, Él le proveerá todo lo que necesita para hacer Su voluntad. No pregunte cuánto cuesta; pregunte si Dios quiere que se haga. Si es la voluntad de Dios, entonces ¡la cuenta la paga Dios! A donde Dios guía, Él también provee. Lo que Dios inicia, Él lo ejecutará. Juan 10:14, dice: *"Yo conozco mis ovejas, y las mas me conocen"*. Sus ovejas reconocen y siguen la voz que conocen de su Pastor. Ellas se rehúsan a seguir la voz de un extraño.

¿Cómo conocen las ovejas la voz del Pastor? Por medio de la comunión diaria con el Pastor. Debemos cultivar la habilidad de discernir la voz del Espíritu Santo. Cuando nuestra relación se distancia, Su voz parece enmudecer. Sin embargo, Dios siempre nos oirá cuando Le llamemos, no importa cuán lejos hayamos andado. Yo conozco la voz de mis hijos. Yo puedo estar en un ocupado centro comercial y oigo otras voces alrededor mío, pero cuando oigo a uno de mis hijos decir: "Papi", en medio de aquel alboroto, yo instantáneamente reconozco esa voz.

Aventajando o siendo guiado

El problema es que no pasamos suficiente tiempo con Dios como para reconocer Su voz cuando Él habla. Usted no puede criar una familia exitosamente sin que la voz de Dios lo guíe en sabiduría. Usted no puede manejar un negocio cristiano sin que la voz de Dios le de la dirección. Existe una amplia diferencia entre ser guiado y aventajar. Cuando no lo escuchamos a Él, nosotros mismos nos encontramos corriendo a velocidades suicidas, confundidos e improductivos, siempre empujando y manejando.

¿Está usted aventajando o siendo guiado? Su espíritu quiere guiarlo; su carne quiere que aventaje como un niñito corriendo libremente en el aparcamiento. A la carne le encanta el ruido, la actividad, la competencia y la ocupación; al espíritu le encanta el silencio, la calma, el solaz y las Escrituras. *"Estad quietos, y conoced que yo soy Dios"* (Salmos 46:10).

> A la carne le encanta el ruido y la ocupación; al espíritu le encanta la calma y las Escrituras.

Hace unos cuantos años participé en un viaje misionero a Ucrania, donde nuestra iglesia apoya un orfanato en Kiev. Mientras viajaba hacia el orfanato me llamó la atención una linda niña de ocho años. Ella se pegó a mí como con goma. Cada vez que yo predicaba en alguna ciudad en iglesias diferentes, si ella estaba allí, se acercaba y me daba un abrazo. Verdaderamente ella cautivó mi corazón.

Me fui a casa y le conté a mi esposa acerca de la niña. Le mostré su foto y después de mucho orar y buscar la voluntad de Dios, decidimos proponernos adoptarla. Se nos dijo que sería un proceso relativamente rápido y fácil. Nada podía estar más lejos de la verdad. Hicimos numerosos intentos para conseguir la adopción, incluyendo viajes a Ucrania donde nos reunimos con oficiales del gobierno. Hicimos uso de todos los contactos que teníamos en esa nación, así como contactos en los Estados Unidos de Norteamérica, pero inútilmente. Nada de lo que hicimos nos aproximó a la adopción. Después de dos años y medio de altibajos emocionales, finalmente comprendimos que estábamos aventajando con nuestros propios deseos, en vez de ser dirigidos por el Espíritu de Dios. Ese ha sido uno de los momento más dolorosos en la historia de nuestra familia.

Cuando usted trata de forzar que las cosas sucedan, casi siempre es una señal de que usted está aventajando y no está siendo guiado. Salmos 23:2 nos recuerda: *"Junto a aguas de reposo me pastoreará"*. Todo el tiempo que estuvimos tratando de adoptar a la niñita, no tuvimos aguas de paz ni de reposo de nuestro hogar. Teníamos desorden y confusión. Nunca podremos entender completamente todo lo que pasó en esa etapa de nuestras vidas, pero hemos comprendido que el ser guiado por Dios brinda paz, mientras que el aventajar basados en nuestra propia voluntad agotará nuestros recursos.

La palabra de Dios

Jesús pasaba mucho tiempo a solas con Dios. Si eso era importante para el Hijo de Dios, ciertamente hay momentos que también nosotros debemos estar a solas con Dios. Uno de mis cantantes y músicos favorito es Jason Upton. Su música es la más inspiracional que jamás haya oído. Cada año, él y su conjunto van por tres o cuatro días a un monasterio para buscar de Dios. Durante esos días ellos ayunan de todo desde el hablar—no hay sonido, no hay música, no hay ruido. En la quietud, Dios comienza a hablar. Al espíritu, como usted puede ver, le encanta el solaz. La voz de Dios no grita; es una suave, tranquila. Para que lo oiga a Él, usted debe aprender a estar quieto en Su presencia. Usted no aprenderá nada mientras esté hablando.

Muchos argüirán que escuchar la voz de Dios es demasiado difícil. En mi familia, somos siete: mi esposa, cuatro niñas, mi hijo y yo. Algunas veces, las comidas son un caos; para ir a la cama puede ser una batalla; salir de paseo puede convertirse en una experiencia penosa, pero todo eso es parte necesaria de la vida diaria. Pasar tiempo con Dios, aunque esto puede ser difícil al comienzo, es también parte necesaria de la vida diaria—y la que le ayuda durante el resto del caos.

Usted tiene que planear su tiempo con Dios. Haga planes para después que los niños se van a la cama o antes que despierten. Usted necesita esos momentos a solas con Dios para que Él pueda hablarle a usted. Él le dará confirmación de lo que Él quiere para su vida. Para pasar tiempo consistentemente con Dios, yo he establecido un lugar y un tiempo para orar.

Dios nos guía por medio de Su Palabra, la cual es relevante para todas las personas. Todo creyente tiene derecho a escuchar de Dios. Sin embargo, el no conocer la Palabra de Dios puede en gran manera impedirle que reciba Su dirección. Salmos 119:105, dice: *"Lámpara es a mis pies tu palabra, y lumbrera a mi camino"*. Las Escrituras son la Palabra de Dios, en la cual el Espíritu de Dios se deleita. Viértase en ellas y la Palabra de Dios lo limpiará a usted de las impurezas del mundo, le lavará y le limpiará, le hará más como Cristo.

Salmos 32:8–9, dice: *"Te haré entender, y te enseñaré el camino en que debes andar; sobre ti fijaré mis ojos. No seáis como el caballo, o como el mulo, sin entendimiento, que han de ser sujetados con cabestro y con freno, por que si no, no se acercan a ti"*. Los padres entienden el poder del contacto visual con sus hijos. Si usted puede captar sus miradas, eso es como una comunicación telepática. Usted se da cuenta de lo que está pasando, lo que ellos están sintiendo y lo que ellos están planeando.

Usted puede ser guiado por el ojo de Dios o por la fusta y el freno. No sea como el caballo o como la mula que tienen que tener fusta y freno. Usted es una oveja, no un burro obstinado. Aprenda a escuchar Sus toques y espere el asentimiento de Dios.

FORZANDO SU VOLUNTAD

¿Alguna vez ha tratado usted de armar un rompecabezas? Algunas veces una pieza le puede parecer correcta; sin embargo, no calza perfectamente. Tiene la apariencia correcta, pero no calzará en el espacio vacío sin forzarla. Si usted alguna vez ha tratado de forzar una pieza para que calce en un espacio para el cual no está designada, usted se dará cuenta que una pieza mal colocada destruirá el acabado. Esto hace que otras piezas queden desajustadas, y quedará el hueco en algún otro lugar. Cada pieza de un rompecabezas está conectada, así como las piezas de nuestras vidas. Nosotros fuimos creados para un propósito particular, y, una pieza fuera de lugar puede afectar grandemente a todas las otras piezas de nuestras vidas.

No trate de forzar las cosas para que calcen. Espere la aprobación de Dios. Si no tiene Su asentimiento para la dirección a donde se encamina, no la fuerce. Dios tiene la pieza que falta en el rompecabezas.

Como usted ve, Dios tiene un dilema: Él espera que nosotros nos demos cuenta que Él es Dios, que Sus caminos no son nuestros caminos y que Sus pensamientos no son nuestros pensamientos (Véase Isaías 55:8). El más grande placer de Dios es que confiemos en Él.

DOS EXTREMOS

Tenga cuidado de deambular hacia dos extremos cuando trata de discernir la voz de Dios. El primer extremo es racionalizar demasiado. Esto se refiere a que usted hace solamente lo que es completamente lógico. Cada puerta debe ser abierta y cada pregunta contestada antes de que usted haga un movimiento. Nosotros le decimos a Dios:"Muéstrame primero, y, después iré". Pero Dios nos dice: "Ve, y, Yo te mostraré". Él nos implora: *"Por fe andamos, no por vista"* (2ᵈᵃ Corintios 5:7).

El otro extremo es el misticismo. Equivocarse en este lado es ignorar completamente la realidad. Todo se convierte en un "yo me sentí guiado", o "Dios me dijo". No hay malo en sentirse dirigido por Dios, pero demasiadas personas utilizan esta línea como escudo contra el consejo de los demás. Esto señala el fin de la conversación.

Uno de los problemas con los proyectiles SCUD en la guerra del Golfo Pérsico fue que, aunque eran armas de alto poder, nadie sabía con certeza adonde iban a caer. El tener alto poder pero ser mal dirigido pueden hacer más mal que bien.

Experimentando la guía de Dios

Existen siete formas por medio de las cuales el creyente que usa discernimiento puede realmente experimentar la guía de Dios y determinar la voluntad de Dios.

1. Convicciones internas

El 24 de febrero de 1989, el vuelo 811 de *United Airlines* despegó de Honolulu, Hawai, con dirección a Sydney, Australia. Mientras se encontraba en vuelo, la puerta de carga se abrió, enviando a algunos de sus pasajeros a una tumba acuática, en el Océano Pacífico. Un hombre de nombre John estaba en ese vuelo. Él contó del incidente en un almuerzo de negocios cristianos en nuestra iglesia. Él estaba sentado en la puerta de pasajeros, cuando claramente oyó una voz en el interior diciéndole: "Quítate de donde estás sentado". Él se tardó, pero la voz interior le habló de nuevo diciéndole: "¡Quítate ahora!" Él se movió hacia la parte trasera del avión y pocos segundos más tarde, había un boquete donde él había estado sentado.

Milagrosamente, los pilotos fueron capaces de aterrizar el avión, pero desafortunadamente, varias personas perdieron sus vidas. Aunque nunca sabremos por qué, la vida de John fue preservada ese día al escuchar la voz de Dios. Por medio del Espíritu Santo usted puede saber cosas para las cuales no estudió ni recibió adiestramiento. Usted puede obtener percepción del carácter de alguien. Usted puede tener una línea directa a la sabiduría y el conocimiento de Dios mismo.

2. Confirmación bíblica

Segunda de Timoteo 3:16 enseña: *"Toda la Escritura es inspirada por Dios, y útil para enseñar, para redargüir, para corregir, para instruir en justicia".* Al igual que un piloto confía en sus instrumentos, así Dios nos guía a medida que confiamos en Su Palabra y en Su Espíritu. Un buen piloto le dirá a usted que cuando usted está bajo una tormenta o neblina, usted debe confiar en el indicador del panel de vuelo más que en su vista. ¡Cuando una tormenta es violenta, confíe en los indicadores! Lo mismo es cierto con las tormentas espirituales. La Palabra de Dios y Su Espíritu Santo, lo sacarán de las nubes oscuras de la vida.

3. Confirmación profética

Por medio de la palabra profética de alguien, Dios puede confirmar lo que Él ya ha hablado a su corazón. Algunas veces Él usará la predicación profética y parecerá como si el ministro ha escuchado algo sobre su vida. Primera de Corintios 12 habla de los nueve dones del Espíritu Santo. Dos de ellos, el don de profecía y el don de discernimiento de espíritus, pueden ayudarle a usted diferenciar la correcta dirección de la dirección equivocada.

4. Consejo piadoso

Proverbios 11:14, dice: *"Donde no hay dirección sabia, caerá el pueblo; más en la multitud de consejeros hay seguridad"*. Salmos 1:1, dice: *"Bienaventurado el varón que no anduvo en consejos de malos"*. Antes de que usted tome una decisión importante en su vida, ábrase a recibir opiniones de personas sabias, piadosas y experimentadas a quienes usted respeta. Ellos no sustituyen la voz de Dios, mas pueden ayudarle a descubrir o confirmar Su dirección.

5. Circunstancias

Si usted ha sido despedido de su empleo, puede ser que Dios lo esté dirigiendo a otro lugar de empleo. En este caso, Él no lo está dirigiendo a usted por medio de profecía, una voz interna o un ángel, sino por medio de las circunstancias. Hay veces cuando Dios permite que las cosas pasen en su vida para hacer que usted se mueva. Por ejemplo: El que usted no tenga dinero en su cuenta bancaria, puede ser que Dios le está insistiendo para que consiga un trabajo. Ciertamente no debemos gobernar todas nuestras decisiones y circunstancias. No obstante, hay ocasiones cuando debemos interpretar las circunstancias de nuestras vidas, y luego determinar lo que Dios quiere que hagamos.

> Usted se asombrará de cuán involucrado quiere estar Dios en su vida diaria.

6. La paz de Dios

"Y la paz de Dios gobierne en vuestros corazones" (Colosenses 3:15). No haga contratos ni tome decisiones que le roben la paz. Aun si todas las cosas parecieran buenas y suenan bien,

aplique siempre la prueba de la paz. Puede que le tome un poco de ensayo acostumbrarse a esto, pero el aprender a confiar en el barómetro de su corazón le ayudará a evitar una desgracia futura.

7. *Provisión*

Recuerde mi dicho: "A donde Dios guía, Él provee". ¿Dónde está la provisión? Esto no quiere decir que usted nunca va a experimentar desafíos financieros, más bien significa que Él ya ha hecho provisiones para esa visión que Él ha estado poniendo en acción. *"Y no he visto justo desamparado, ni su descendencia que mendigue pan"* (Salmos 37:25).

En conclusión, yo siento que es importante que usted se de cuenta que, aunque Dios elegirá a cualquiera de estas formas de contestar sus oraciones, Él puede usar más de una para confirmar Su Palabra. Dios nos ha dicho que dos o tres testigos confirmarán Su Palabra para nosotros (Véase Deuteronomio 19:15 y 2da Corintios 13:1). Mientras más grande sea la decisión, más querrá usted confirmar Su dirección por medio de estas siete formas.

Cuando usted desarrolle la habilidad de escuchar y discernir la voz de Dios, se asombrará de saber cuán involucrado quiere estar Dios en su vida diaria. Pídale a Dios que le guíe. Una vez que usted tiene el asentimiento de Dios para con sus decisiones, todo lo demás calzará en su lugar. *"Tus oídos oirán detrás de ti una palabra: Este es el camino, andad en él, ya sea que vayáis a la derecha o a la izquierda"* (Isaías 30:21, LBLA).

Existe una parte de su cerebro que se llama sistema de activación reticular. ¿Alguna vez ha usted comprado un carro pensando que nadie en su área posee uno igual, pero tan pronto como sale manejando del lote, todo lo que puede ver son carros iguales al de usted? ¡De momento pareciera que están en todas partes! ¿Por qué no se había fijado en ellos antes? Esto es porque después de la compra, su sistema de activación reticular reprogramó su cerebro para notar lo que no había visto antes—carros nuevos igualitos al suyo.

Aun mientras usted está leyendo este libro, Dios está activando un don dentro de su espíritu, ese don se llama discernimiento. Probablemente antes de leer este libro, usted no se daba cuenta que lo tenía. Pero de ahora en adelante, le va a resultar difícil olvidar la intuición espiritual que Dios le ha dado.

Me gustaría orar para que en su vida entren los principios que hemos aprendido hasta ahora:

Padre, en el nombre de Jesús oro por los hombres y las mujeres de Dios que están leyendo estas palabras. Oro para que Tú actives el don del discernimiento en sus vidas. Que Tú puedas reinar completamente en sus espíritus para que ellos puedan ser movidos por Tu Espíritu, influenciados por Tu Espíritu, ligados por Tu Espíritu y que reposen en Tu Espíritu. Oro para que ellos reconozcan el suave revoloteo de la "mariposa nocturna" y sean dirigidos por ella. Oro para que el asentimiento de Dios esté en cada decisión y relación. Te pido que les des tal sentir por lo verdadero para que ellos no puedan pasar por alto Tu propósito para cualquier área de sus vidas. Te lo pido en el nombre de Jesús. Amén.

Parte II

LA PERSONA CORRECTA, EL LUGAR CORRECTO, EL PLAN CORRECTO

Capítulo cuatro

LA PERSONA CORRECTA

Y amigo hay más unido que un hermano.
—Proverbios 18:24

Alguna vez ha dado usted lo mejor en una relación y recibe lo peor a cambio? Recuerde la letra de la canción "country": "Buscando amor", de Johnny Lee:

Buscando amor en todos los lugares equivocados,
Buscando amor en muchos rostros.

Este ha llegado a ser el tema central para demasiadas personas.

Es hora de hacer un alto a ser heridos. Es hora de comenzar a disfrutar las relaciones saludables y balanceadas que cada quien quiere y necesita. Dios quiere ayudarlo a hacer elecciones sabias acerca de las personas que usted permite entren a su vida, desde amistades, socios en los negocios, hasta el romance. Encontrar a la persona apropiada es parte importante del discernimiento de la voluntad de Dios para su vida.

Si en una relación ha sido utilizado, abusado, abandonado o se han aprovechado de usted, este capítulo es para usted.

Muy a menudo, las buenas personas se enredan en malas relaciones con resultados desastrosos.

DISCERNIMIENTO DEL CARÁCTER

El discernimiento del carácter es una herramienta valiosa para evitar enredos tóxicos. Es una habilidad que a muchos de nosotros nos falta. ¿Qué es el discernimiento del carácter? Sencillamente es la habilidad de encontrar relaciones que son buenas para usted, y, evitar aquellas que no lo son.

El apóstol Pablo dijo: *"Vosotros corríais bien; ¿quién os estorbó para no obedecer a la verdad?"* (Gálatas 5:7). Nótese que él dijo *quien* y no *qué*. Romanos 8:5, dice: *"Porque los que son de la carne piensan en las cosas de la carne; pero los que son del Espíritu, en las cosas del Espíritu"*.

Cuando algunas personas entran a su vida, ellas no sólo traen sus cuerpos—también traen sus espíritus. Existen dos clases de personas: "las personas carnales" y "las personas de fe".

> Un signo de advertencia de falla espiritual es cuando nos aislamos de los demás cristianos y de la casa de Dios.

Las personas carnales le demuelen y alimentan sus temores, mientras que las personas de fe, le edifican y alimentan su fe. Las personas carnales le hacen perder su tiempo y drenan su energía. Con frecuencia, los cristianos que se encuentran en relaciones confusas que les drenan sus energías emocionales y les reduce en gran manera su eficacia. Piense en el dolor personal que podría prevenirse si supiéramos como evitar las relaciones enfermizas. Esto no necesariamente significa que "las personas carnales" son malas personas; solamente quiere decir que no pertenecen a su círculo íntimo. Esto tampoco significa que usted debe evitar a tales personas; Dios quiere que amemos a todas aquellas con las que entramos en contacto. Pero tenemos que asegurarnos que estamos rodeándonos con más personas que llenan nuestras vidas y menos de las que drenan nuestras vidas. Uno de los primeros signos de advertencia de falla espiritual es cuando empezamos a aislarnos de los amigos cristianos y de la casa de Dios.

Las personas de fe, son la clase de personas que llenan su vida. Ellas le hacen acercarse más a la persona que Dios diseñó que usted fuera. Ellas son las que serán amorosamente honestas con usted. Ellas son fuertes cuando usted se siente débil.

Si Dios quiere bendecirle a usted, Él enviará a una persona; y si Satanás quiere maldecirle, él enviará a una persona. Por eso es que cada día necesitamos orar pidiendo un discernimiento 20/20 en el mundo espiritual para diferenciar a la persona correcta de la persona incorrecta.

PABLO: LA PERSONA QUE NOS ALIENTA

Cuando Pablo necesitaba ser salvado ¿a quien envió Dios? Ananías era el hombre correcto, en el lugar correcto y a la hora correcta (Véase Hechos 9:10–18). A eso le llamo una "conexión del Reino": una persona que Dios pone en su vida para actuar como puente para que usted logre llegar hasta donde se supone que debe ir. ¿Cómo le gustaría a usted tener algunas de las conexiones del Reino en su vida y en su carrera?

La Iglesia Primitiva rechazó a Pablo porque él había perseguido a los cristianos antes de su conversión. Los discípulos le tenían miedo, por lo que Dios una vez más envió a una persona: Bernabé. Bernabé utilizó su influencia con los discípulos para que Pablo pudiera poner sus pies en la puerta de la iglesia.

Cuando Pablo estaba desalentado, Dios le envió a Tito para que lo alentara. ¿Alguna vez ha tenido usted un día desalentador hasta que una persona comparte algunas palabras que le cambiaron completamente su ánimo? En 2ᵈᵃ Corintios 7:6, Pablo dijo: *"Pero Dios, que consuela a los abatidos, nos consoló con la llegada de Tito"*.

RUT: LA PERSONA CON LA QUE NOS CASAMOS

El matrimonio es una de las decisiones más importantes que usted tomará. Es un compromiso de por vida. Le afecta cada área de su vida: sus hijos futuros, donde vivirá, sus finanzas, la iglesia a la que asiste y muchas cosas más. Dios tiene un plan para la persona con la que usted se asocia románticamente. A usted le irá mejor si se toma el tiempo para estar seguro de que la persona con la que se va a casar es la ordenada por Dios.

¿Cuida Dios de usted si es soltera, viuda o divorciada? ¿Nota Él cuando todos los demás llegan a casa juntos, pero usted llega a casa solo? ¡Por supuesto que Él lo nota! En el libro de Rut vemos al mismo Dios que dijo: *"No es bueno que el hombre* [o mujer] *este solo"* (Génesis 2:7), entrando en las sombras de la vida de Rut y dándole a ella una conexión del Reino. El esposo de Rut había muerto y ella tenía poca probabilidad de encontrar un buen hombre. No obstante, Dios no le envió a un perdedor o a un rechazado. Él no la envió a un "jugador" adulador para que le rompiera el corazón. Él le envió un hombre que fuera capaz de cuidar de ella y podía hacerlo. Él le envió a Booz.

Booz era un poco mayor que Rut, pero tenía suficiente dinero para darle una vida cómoda. Observe las cualidades que debería buscar o enseñar a sus hijos que busquen, cuando traten de discernir quién es la pareja correcta. Booz era un

hombre estable. Él no acababa de salir de la prisión o de reha-
bilitación. Él tampoco era haragán e improductivo.

Observe también que él era respetuoso con los parientes de Rut. Él le dio a Rut comida para que llevara a casa de
su suegra Noemí. Booz pagó la cuenta; no fueron "mitad y
mitad". En estos días los varones no saben cómo respetar a
una mujer y mostrar respeto a sus padres. Damas, si usted sale
a una cita con un varón que es renuente a pagar la comida,
pero espera que usted pague la entrada al cine y las palomi-
tas de maíz, entonces usted está saliendo con un aprovechado.
Caballeros, tomen nota. Booz era un hombre de hombres—un
hombre perceptivo, un hombre sensible, un hombre espiritual
y un hombre hábil en las finanzas. ¡Esa es una ecuación que
iguala a *esposo!*

Cuando Rut llegó a casa cargada de alimento, Noemí
comenzó a asesorarla en cuanto a cómo ella debía condu-
cirse de manera apropiada. Cuando Rut quiso saber lo que
ella debía hacer con este hombre que le mostraba un interés
romántico, Noemí le dio un buen consejo: "*Espérate, hija mía,
hasta que sepas cómo se resuelve este asunto*" (Rut 3:18). "Espérate".
En otras palabras: "Deja que el varón te conquiste a ti, no tú a
él". Hoy en día, la chica llamaría a Booz treinta minutos más
tarde, diciéndole: "Booz, ¿me recuerdas? Nos conocimos en
el campo". Al día siguiente ella lo llamaría de nuevo. "¿Me
recuerdas? ¿Podemos salir alguna vez?" Los varones pierden
el respeto por las mujeres desesperadas. El quedarse tranquilo
y esperar es la cosa más difícil de hacer. Esto realmente significa que usted tendrá que confiar en Dios en este asunto. Aun
si usted está acampando al lado del teléfono, esperando que él
la llame. ¡Quédese tranquila y espere! Rut pudo haber reaccio-
nado egoístamente y decirle a la anciana Noemí: "Tú no sabes
de lo que estás hablando. Sólo porque tú perdiste a tu esposo

no quiere decir que yo voy a desperdiciar una segunda oportunidad". Pero no lo hizo así. La Biblia dice que ella obedeció y respetó el consejo de Noemí.

Booz hizo los arreglos de la boda legal y se convirtió en su "pariente-redentor". Ellos tuvieron un hijo al que llamaron Obed. Obed tuvo un hijo al que llamó Isaí. Isaí tuvo un hijo al que llamó David, quien llegó a ser rey. David tuvo una descendiente llamada María. Y María tuvo un niño al que le llamó Jesús.

Por medio del discernimiento del carácter de Rut, Dios no solamente la bendijo con un esposo

> Un sólo hombre rebelde y desobediente puede poner en peligro a todos los pasajeros de una embarcación.

maravilloso, sino que también Él la colocó en la genealogía de Jesucristo (Véase Mateo 1:5).

JONÁS: LA PERSONA QUE NOS DESALIENTA

Necesitamos que Dios restaure el discernimiento dentro de nosotros, para que de esa manera podamos reconocer a la persona correcta, a la persona bendecida, a la persona de fe, y las conexiones del Reino que Él tiene para cada uno de nosotros. Pero también necesitamos discernimiento para reconocer a la persona incorrecta.

Dios envió a Jonás a una misión a Nínive. Sin embargo, Jonás desobedeció la voluntad de Dios y se encaminó en dirección contraria hacia Jope, donde abordó el barco que iba hacia Tarsis. Durante la travesía, el barco en el que huía fue sorprendido por una tormenta que amenazaba con hundirlo. Jonás 1:5, dice: *"Y los marineros tuvieron miedo"*. Muchos de nosotros hemos oído la historia de Jonás en sermones y clases de Escuela

Dominical; pero, ¿se ha detenido a considerar el hecho de que en el bote había otras personas junto a Jonás que estaban a punto de perder sus vidas? Todo lo que se necesitaba era un hombre rebelde y desobediente para poner en peligro a todos los pasajeros de esa embarcación.

Esta es una lección importante para aquellos que tratan de aprender a discernir. Hay ocasiones cuando usted no es el problema. El problema puede ser la persona con la que usted se asocia. El agua estaba inundando la embarcación, todos abordo estaban aterrorizados temían por sus vidas, y, esa situación no era culpa de ellos. Ellos estaban en el lugar incorrecto, a la hora incorrecta y con la persona incorrecta—Jonás.

Los marineros fervientemente clamaban a sus dioses. Ellos echaban por la borda sus abastecimientos, sacrificando lo que necesitaban para alivianar la carga. Sin embargo, las Escrituras nos dicen: *"Jonás había bajado al interior de la nave, y se había echado a dormir"* (Jonás 1:5). ¡Algunas veces, cuando su vida está en peligro y se tambalea en la tormenta, es por causa de la persona con la que usted se ha relacionado!

Al final, los marineros despertaron a Jonás de su sueño y le preguntaron: *"¿Qué haremos contigo para que el mar se nos aquiete?"* (Versículo 11). Jonás les respondió: *"Tomadme y echadme al mar, y el mar se os aquietará; porque yo sé que por mi causa ha venido esta gran tempestad sobre vosotros"* (versículo 12). Jonás sabía que él era el problema. Entonces, ¿por qué les pediría que lo echaran al mar? ¿Por qué no saltar del barco?

En ocasiones, los rebeldes tratan de hacer que usted se sienta mal. Si usted tuviera un hijo de cuarenta y cinco años de edad que no quiere trabajar, viviendo tranquilamente en su casa, comiéndose su comida y no paga renta ¡es hora de lanzar a Jonás de la embarcación! Cuando usted lo haga, no se sorprenda si él trata de hacerle sentir culpable por hacer lo correcto. Yo casi puedo oír sus lastimeras palabras: "Usted tiene razón. Sé que debo portarme mejor. Encontraré algún lugar donde quedarme. Creo que voy a dormir en la estación de buses".

Podemos deambular en las tormentas simplemente por tratar de ayudar a algunas personas, haciendo por ellas lo que ellas debían hacer por sí mismas. Si los marineros no hubieran lanzado a Jonás del barco, todos hubieran perecido. Si hay personas en su vida que le están utilizando vilmente, ellos voluntariamente no van a saltar del barco. Si usted tiene parientes o amigos que juegan con su conciencia y buena voluntad para conseguir que usted les pague sus facturas o les dé dinero, ¿piensa usted que van a dejar de hacerlo? Si su esposo abusa físicamente de usted o tiene aventurillas y usted se lo permite, entonces usted le está dando licencia a él para que la trate como a un perro.

> Cuando le permite a la persona incorrecta entrar en su vida, usted le está impidiendo recibir lo mejor de Dios.

La Biblia dice que antes de que lanzaran a Jonás de la embarcación, ellos trataron de remar reciamente para llevar el barco a tierra. Con frecuencia tratamos severamente con un problema porque tenemos miedo de la decisión que sabemos vamos a tener que tomar. Nosotros tratamos fuertemente de cosechar exitosamente del pecado. Finalmente alguien en la embarcación llamó a reunión. Ellos votaron y decidieron echar por la borda a Jonás. Yo estoy seguro que los marineros se sintieron mal por eso, pero ellos sabían que si no lo hacían, no lograrían llegar al otro lado. La Biblia continúa diciendo: *"Y tomaron a Jonás, y lo echaron al mar; y el mar se aquietó de su furor*" (Jonás 1:15). Tan pronto como usted saca de su barco a la persona que le hace daño, su tempestad cesa. Usted experimentará una gran calma. ¡Alguno de ustedes necesitan lanzar por la borda a algunos Jonás!

Recuerde que Dios está allí para ese Jonás que usted lanza de su embarcación. Cuando los marineros echaron a Jonás por la borda, ya Dios tenía preparado un gran pez para que se lo tragara y lo tirara en la playa para que él pudiera viajar a Nínive, su destino propuesto. Cuando le permite a la persona incorrecta entrar en su vida, usted no le está ayudando—puede que usted le esté impidiendo recibir lo que Dios ha preparado para ellos.

Pídale a Dios que le revele a los Jonás de su vida, quienes están haciendo que su embarcación se meza. ¡Ore pidiendo la sabiduría y el valor para "echarlos por la borda" a ellos y todo el equipaje que ellos traigan consigo! Algunas veces usted tiene que hacer lo que es mejor para usted, y, debe confiar en que Dios cuidará de las otras personas.

Tan pronto como Jonás fue lanzado del barco, los marineros comenzaron a adorar a Dios (Véase Jonás 1:16). Usted no puede adorar a Dios como debe, mientras haya relaciones tóxicas y turbulencias alrededor. Lo que sea que le esté robando la paz y esté meciendo su embarcación, lo que sea que le esté opacando su sonrisa, alcáncelo, agárrelo y láncelo por la borda. Después haga lo que hicieron los marineros—comience a adorar a Dios.

¿Quién es su mentor?

Uno de los secretos del éxito de algunos de los grandes héroes de la Biblia se encuentra en sus mentores [o consejeros]. Si usted no tiene un consejero temeroso de Dios en su vida, usted necesita pedirle a Él que ponga uno en su camino.

Cuando Él lo haga, no se eche a esperar por la persona que se le ha de acercar; puede que usted necesite pedirle a él o ella que sea su mentor. Josué siempre estaba al lado de Moisés. El éxito de Eliseo se encontraba en su relación con Elías. Él pasó horas y horas aprendiendo del anciano y sabio profeta.

El apóstol Pablo llamó a Timoteo *"un verdadero hijo en la fe"* (1ra Timoteo 1:2). Timoteo fue uno de los apóstoles más jóvenes de la Biblia. ¿Cómo hizo para tener éxito a tan tierna edad? Literalmente, él se sentó a los pies del gran apóstol Pablo y tomó su espíritu.

Jesús pasó tres años y medio de su vida en el ministerio. La mayor parte de Su tiempo no la pasó entre las multitudes o con los ricos y líderes de influencia, sino con doce hombres a quienes Él vertió Su vida y sabiduría. Él hablaba en parábolas a las multitudes, luego Él explicaba con detalles a los discípulos. Estos hombres se convirtieron en los bloques de la edificación de Su iglesia.

Los mentores le exponen a usted nuevos ámbitos del ministerio, nuevos hábitos y nuevos niveles de expectativa. Pregunte al levanta pesas o al salta obstáculos qué es lo que el entrenador hace por ellos. Si usted quiere ser el mejor, el mentor se mantendrá elevando las expectativas, pidiéndole que haga un poco más de esfuerzo y rinda mejores resultados, le enseñará a usted a esperar y a dar más de usted mismo.

En ocasiones, los mentores pueden parecer crueles y desconsiderados, pero si usted quiere ser un ganador, sus consejos pueden llevarlo a la cima. Proverbios 27:6, dice: *"Fieles son las heridas del que ama; pero importunos los besos del que aborrece"*. Es un gran día cuando Dios le da a usted alguien que le ame lo suficiente para ponerlo bajo un poco de presión para que usted pueda ser moldeado a la imagen de Jesucristo y alcance su más alto potencial.

Cuídese de los falsos hermanos

Si usted ha pasado toda su vida girando hacia toda persona incorrecta, le tengo buenas noticias. Dios le hará acercar la persona correcta y se deshará de la persona incorrecta. Pero cuando Él lo haga, no regrese a la persona equivocada. *"Todo pámpano que en mí no lleva fruto, lo quitará"* (Juan 15:2). Eso no quiere decir que ellos sean inferiores y que usted sea superior. Esto sólo quiere decir que ellos no son parte del plan de Dios para su vida. Así como con Jonás, Dios tiene para ellos un plan diferente, un rumbo diferente. No obstante, si usted insiste en injertarlos a su vida, puede que Dios tenga que hacer una cirugía en esa relación y tenga que podarlos.

Desafortunadamente, tales falsos hermanos pueden encontrarse en su propia familia, donde es difícil podarlos. En las reuniones familiares, ellos con frecuencia traen condenación. Solamente hasta cuando el hijo pródigo falló que él se dio cuenta de cómo era su hermano mayor. A su regreso y arrepentimiento, su padre no le reprochó al hijo pródigo por sus pecados. Fue su hermano mayor quien señaló con el dedo y reprochó al hijo pródigo ante su padre (Véase Lucas 15:11–32).

José descubrió que sus falsos hermanos nunca elogiaban sus sueños. En vez de vivir en la tierra de Dios con ilimitada gracia, ellos vivían en una mentalidad "cero" donde para que usted pudiera ganar, ellos debían perder. Su ganancia es la pérdida de ellos. Si usted recibe bendición, ellos creen que de algún modo reciben menos bendición. Los hermanos de José no podían soportar el favor de su padre al muchacho por lo que ellos lo metieron en un pozo y lo vendieron como esclavo (Véase Génesis 37:24).

Algunas personas le bendicen a usted cuando entran en su vida; algunas personas le bendicen a usted cuando salen de su vida. Hay muchas buenas personas por ahí. *"Y amigo hay más unido que un hermano"* (Proverbios 18:24). Use cada onza de sabiduría y discernimiento para encontrar a tales personas. Si alguien es destructivo y produce malos frutos en su vida, sea cuidadoso. Manténgase vigilante, orando y buscando hasta que encuentre a la persona correcta, alguien que le lleve más cerca de ser la persona que Dios quiere que usted sea.

Capítulo cinco

EL LUGAR CORRECTO

Y de una sangre ha hecho todo el linaje de los hombres,
para que habiten sobre toda la faz de la tierra;
y les ha prefijado el orden de los tiempos,
y los límites de su habitación.
—Hechos 17:26

Hace más de doce años Dios me comenzó a hablar de este maravilloso don del discernimiento. Un sábado por la noche yo tuve un sueño que fue tan vívido que jamás lo podré olvidar. Yo soñaba que estaba asistiendo al funeral de un niño. Cuando levanté la cubierta del pequeño ataúd y miré dentro, me quedé devastado al ver a Caressa, mi pequeña hija de tres años, que yacía sin vida en el féretro. Desperté inmediatamente de aquel sueño y desperté a mi esposa. Ambos comenzamos a orar por nuestra familia. Lloramos mientras la presencia del Señor entraba en nuestro dormitorio.

A la mañana siguiente, todavía conmovido por esta experiencia, me fui a la iglesia a predicar. Prediqué un sermón que titulé: "Anule la misión del diablo". Al final del mensaje llorando le conté a la congregación de mi sueño. Les expliqué que yo creía que Dios me estaba advirtiendo de que Satanás tenía en la mira a nuestros hijos desde temprana edad, pero que por medio de la sangre de Jesucristo, nosotros podíamos anular la misión del diablo en nuestras vidas. Ese fue uno de nuestros servicios más conmovedores en los que yo haya participado, tanto padres como madres, empezamos a clamar a Dios en favor de nuestras familias.

Aquí es donde la historia toma un giro dramático. Nuestra familia tenía planeado salir de vacaciones al día siguiente, a *Disney World*, en Florida. Por alguna extraña razón, mi esposa me pidió que saliéramos después que terminara el servicio de la mañana. Ella continuó suplicándome: "Salgamos un día antes para que podamos ir a *Sea World* mañana". *Sea World* ni siquiera estaba incluido en nuestro itinerario, pero yo asentí y llegamos a la Florida un día antes.

A la mañana siguiente llevamos a nuestras dos hijas a *Sea World*. Era un día hermoso y soleado, mientras esperábamos que el espectáculo de esquí empezara en el estadio de cinco mil asientos al descubierto. De la nada, emergió una enorme y oscura nube de tormenta que cubrió el parque. El viento drásticamente se volvía más fuerte. Nosotros oímos un estruendo, y, de repente, justo ante nuestros ojos, un rayo cayó sobre un hotel cercano, incendiándolo. El pánico se apoderó de las cinco mil personas que se apresuraban a salir del estadio buscando donde refugiarse de la tormenta.

Lo que siguió fue un caos total. Cherise tomó el bolso de los pañales y los accesorios, mientras yo agarraba a una de las niñas. Nuestra niña menor subió las escaleras por su propia cuenta. Pero al momento que ya casi llegábamos a la cima del estadio, truenos y relámpagos nos rodeaban. Nuestras dos niñas se pusieron histéricas. Para ser honesto, yo también lo estaba. Nunca antes había vivido algo como esto.

Los fuertes vientos me hacían pensar que se podía avecinar un tornado. Cuando por fin llegamos a los últimos peldaños, había tanta multitud que Cherise rápidamente se volteó para cargar a Caressa. Sin embargo, mientras ella trataba de agarrarla, Caressa corrió hacia una perfecta extraña que pasaba cerca de ella. La extraña, una joven de veintiséis años de edad, se agachó y levantó a nuestra hija sin vacilar. Caressa echó los brazos alrededor del cuello de la joven y no la dejó ir.

De todos nuestros hijos, Caressa era la más apegada a su madre; ella no se iría nunca a los brazos de algún extraño. Ella siempre quería que su madre o yo la cargáramos. Si ella no conocía a alguien, ella no les haría caso.

Sin embargo, a medida que Cherise empezó a pedirle que pasara a sus brazos, Caressa no quería reconocer a Cherise y a mí. Ella se aferró a esta mujer con todas las fuerzas que podía. La dama comenzó a llorar—no una lágrima o dos, sino en incontrolables sollozos—mientras sostenía a nuestra hija de tres años.

Cherise se volvió a mí y me susurró: "Jentezen, haz algo. La dama está actuando extraño y tiene a nuestra hija". Yo noté que la madre y el padre de la joven estaban junto a ella, y miré que su madre estaba llorando también. Ahora estábamos totalmente confundidos.

Mi esposa tiernamente le preguntó a la madre de la joven: "¿Por qué lloran todos?".

Ella contestó: "Usted no lo entiende. Su hija es un angelito enviado de Dios hoy".

A medida que la tormenta empezaba a cesar, ella comenzó a explicar.

"Hace dos meses, la hija de mi hija, quien tenía tres años de edad, en medio de la noche murió por fallas del corazón. Esta es la primera vez que hemos podido sacar a nuestra hija de su dormitorio porque ella ha estado tan desvastada por el dolor. Ella le reclama a Dios por haberle quitado a su hijita".

La joven continuó llorando, sosteniendo tiernamente a nuestra hija Caressa, mientras la niña se aferraba a ella. Cherise y yo nos pusimos a llorar. A medida que la multitud empezaba a salir y regresaban a sus asientos, muchas personas alrededor de nosotros nos observaban, preguntándose qué es lo que estaba pasando.

Le pedí a la joven madre que sostenía a mi hija Caressa que me escuchara. Yo le dije: "Soy ministro y lo que le voy a contar está grabado en video por si usted no lo quiere creer. El sábado pasado por la noche yo tuve un sueño. En el sueño Dios me hizo sentir su pena. Yo ví a mi hija de tres años en un ataúd. Yo nunca en mi vida he sentido tanta pena como la de ese día. Al día siguiente fui a la iglesia y le conté a mi congregación que había visto a mi hija en un ataúd. La razón por la que estamos aquí en *Sea World* hoy es porque mi esposa decidió que quería venirse un día antes. Ahora sé por qué, Dios quería que usted supiera que su preciosa hija está con Él en el cielo".

Continué diciéndole a ella que mi hija de tres años nunca va a los brazos de un perfecto extraño. "Esta es una señal de Dios para que usted sepa cuánto Él la ama". Yo le expliqué a ella que el rey David, de la Biblia, también perdió a un hijo y dijo: *"Más ahora que ha muerto, ¿para qué he de ayunar? ¿Podré yo hacerle volver? Yo voy a él, más él no volverá a mí"* (2ᵈᵃ Samuel 12:23). Yo le dije a la joven: "Usted debe decidir, aunque no pueda hacer volver a su hija, que algún día usted irá al lugar donde su niña está ahora".

Toda la familia llorando oró con nosotros. La presencia de la sanidad de Dios fue tan fuerte que sentimos como si estuviéramos en tierra santa. Mientras la joven madre sostenía a

Caressa, nuestra hija comenzó a jugar con un collar de perlas que tenía la madre alrededor del cuello. La adolorida madre había colocado un collar de perlas similar en el cuello de su hija mientras la colocaba en el ataúd. La mujer se quitó el collar y se lo puso en el cuello a Caressa. Al hacer eso, ella estaba esencialmente dejando ir a su pequeña hija y poniéndola en las amorosas manos de Dios.

La joven nos contó que esta experiencia había restaurado su fe en Dios. Después que todos lloramos y oramos, llegó el momento de separarnos. Cuando tratamos de tomar a Caressa de los brazos de la mujer, ella armó una pataleta porque quería quedarse en los brazos de la joven. Para nosotros, eso fue aún más extraño.

> El sufrimiento nunca le deja como le encontró; o usted cambia o se vuelve amargado.

Mi esposa y yo jamás olvidaremos a aquella familia que quedaba de pie y llorando mientras nos retirábamos con Caressa volviéndose hacia aquella madre. ¡Piense hasta donde llega Dios para decirnos cuánto Él nos ama cuando nos sentimos heridos!

Si nos sentimos heridos, Él también se siente herido. *"Porque no tenemos un sumo sacerdote que no pueda compadecerse de nuestras debilidades"* (Hebreos 4:15). Jesús mismo se permitió sentirse desamparado por Dios para poder decir: "Yo sé, Yo he estado en tu lugar". Nuestro Dios conoce el dolor de nuestra pérdida. Él es movido por las mismas cosas que nos angustian.

El sufrimiento nunca le deja como le encontró; o usted cambia o se vuelve amargado. Le convierte a usted en un infeliz quejoso, o lo moldea a la imagen de Jesucristo. Dios amaba tanto a aquella joven madre que me dio un sueño, reorganizó mi itinerario, le dio a mi esposa discernimiento de insistir en salir antes e incluso usó el afecto de mi hija de tres años para moverla a ella hacia el lugar correcto en el momento correcto— hacia los brazos de una mujer quebrantada y herida.

Piense en ello. De tantas miles de personas en ese estadio, Dios nos puso a nosotros en el lugar correcto, a la hora correcta.

LA COLOCACIÓN APROPIADA

Uno de los principales propósitos de Dios para su vida es colocarlo en el lugar apropiado. El estar en el lugar correcto y a la hora correcta es una clave importante para descubrir la voluntad de Dios para su vida. En Génesis 1, Dios creó un lugar y Él creó a Adán; en Génesis 2, Dios colocó a Adán en el lugar apropiado, en un huerto.

¿Qué le dice a usted esto acerca de Dios y la voluntad de Él para su vida?

1. Dios no le deja donde Él le encuentra a usted.
2. Dios tiene un lugar apropiado para usted.

El dueño de la primera agencia de "servicio de colocaciones" en el mundo fue Dios. Pablo escribió: *"Más ahora Dios ha colocado los miembros cada uno de ellos en el cuerpo, como Él quiso"* (1ra Corintios 12:18). Dios viene a usted justo donde usted está y le da un propósito, una misión, y, un lugar. Dios le dio a Adán un lugar de empleo antes de darle una esposa. Si usted es una mujer soltera, usted no debería considerar casarse con un hombre que no tiene un lugar de empleo—a un trabajo estable.

La colocación apropiada afecta profundamente su futuro de siete maneras:

1. Libera provisión sobrenatural en su vida.
2. Provee protección.
3. Exige la muerte del orgullo.
4. Con frecuencia va precedida de una etapa de incomodidades.
5. Libera la gloria de Dios en su vida.
6. Le previene de exponerse a situaciones pecaminosas y a tentaciones que usted encontraría en lugares inapropiados.
7. Le puede ayudar a evitar problemas futuros.

1. Libera provisión sobrenatural

Primera de Reyes 17:3–4 describe la provisión sobrenatural: *Apártate de aquí, y vuélvete al oriente, y escóndete en el arroyo de Querit, que está frente al Jordán. Beberás del arroyo; y yo he mandado a los cuervos que te den allí de comer.*

> Debemos buscar el rostro de Dios, no Su mano. Nosotros queremos una limosna, pero Dios quiere desafiarnos.

Durante una hambruna, Dios le dio instrucciones a Elías, diciendo: "Ve a Querit. Yo he ordenado a los cuervos que te alimenten *allí*". Dios le dijo a Elías que si él se movía al lugar correcto, se le daría provisión sobrenatural. El abastecimiento divino sigue a la colocación divina. Si Elías hubiera estado en cualquier otro lugar, excepto en el lugar correcto, los cuervos no lo hubieran alimentado. Dios tiene su lugar de provisión sobrenatural—¡Dios tiene un "allí" para usted!

Justo en el momento que Elías pensó conocer a Dios, de momento el arroyo se secó y los cuervos dejaron de traerle alimentos. Una vez yo predicaba un sermón titulado: "¿Qué hacer cuando el arroyo se seca y los pájaros se van?". En él, yo explicaba que la única razón por la que Dios permitió que el arroyo se secara es porque Él quería llevarlo de nuevo a su fuente. Debemos buscar el rostro de Dios, no Su mano. Nosotros queremos una limosna, pero Dios quiere desafiarnos.

No se enamore de un método ni olvide que Dios es su fuente. El arroyo no era la fuente de Elías; Dios era la fuente. Nos casamos con un método, nos anclamos en un recuerdo, pero debemos estar abiertos al cambio. Cuando el Espíritu Santo quiere hacer algo nuevo, nosotros tenemos que tirar los odres viejos. En este caso, Dios le dio a Elías un nuevo plan: *"Vete a Sarepta... yo he dado orden allí a una mujer viuda que te sustente"* (1ʳᵃ Reyes 17:9).

Mi esposa tiene su propia compañía de contratistas. Ella tiene tan gran don en esta área que su talento nos ha bendecido financieramente. En efecto, la primera casa que poseímos fue una que ella construyó. Nosotros vivimos con sus padres durante cuatro años mientras ahorrábamos todo el dinero que podíamos. Finalmente, tuvimos el dinero suficiente una propiedad cerca de un lago que Cherise había encontrado en Gainesville, Georgia. Ella sintió que realmente necesitábamos estirar nuestros recursos y tratar de comprarlo. Pagamos $50,000.00 por el lote, agotando todo el dinero que teníamos. Aseguramos un préstamo de $130,000.00 por la casa, y Cherise construyó una bella casa cerca del lago. Vivimos en ella por un año y después la vendimos en $389,000.00.

La historia se vuelve más interesante. Más tarde, ella encontró otro lote cerca del lago en una bonita vecindad. ¡Este lote tenía un precio de $180,000.00! Eso era casi la ganancia entera de la venta de nuestra primera casa. Yo sentía que el lote era demasiado caro y que nunca íbamos a recuperar nuestro dinero. Sin embargo, su admirable discernimiento financiero hizo que ella persistiera. Ella dijo: "Puedo construir una casa en este lote y hacer una fortuna". Afortunadamente la escuché. En la actualidad, solamente el lote está valorado en más de un millón de dólares.

A través de los años, mi esposa ha tenido una extraña habilidad para hacer sabias inversiones financieras en el área de bienes raíces. Lamentablemente, yo no siempre la ha escuchado. Consecuentemente, hemos perdido algunas increíbles bendiciones financieras. Pero he aprendido que uno de los puntos fuertes de mi esposa son los negocios; por lo tanto, me gozo en quedarme en el asiento trasero para darle paso a ella en esta área.

Discierna el lugar de bendición para su vida. Si Dios dice: "Te bendeciré allí" y usted insiste en decir "aquí", entonces va a perder Su provisión. Todo dependió de que Elías se quedara en el lugar correcto.

Cuando Rut estaba buscando un lugar de provisión, ella le expresó su deseo a su suegra Noemí: *Te ruego que me dejes ir al campo, y recogeré espigas en pos de aquel a cuyos ojos hallare gracia* (Rut 2:2). Usted no quiere trabajar en cualquier campo. Ore pidiendo discernimiento que lo conduzca a un campo ocupacional donde usted encontrará la gracia de su empleador. El lugar que Dios tiene para usted será un lugar de influencia, favor y prosperidad.

Algunas veces, el lugar al que Dios le envía no parece ser un lugar de bendición. Cuando Rut encontró el campo correcto donde trabajar, trabajó en una esquina remota del campo. ¡Más adelante, ella fue ascendida de trabajar en aquella parte insignificante hasta poseer todo el campo! Sin embargo, su promoción estaba sujeta a encontrar el lugar correcto para su empleo.

¿Está usted en el lugar correcto, se apoya en el arado antiguo o tiene miedo de salir?

En 2da Crónicas 7:12, Dios le dijo a Salomón: *"Yo he oído tu oración, y he elegido para mí este lugar por casa de sacrificio"*. Oh, el potencial de un lugar elegido. Si usted está en ese lugar, no se salga. Si no lo está, ya no se quede un día más de lo necesario. En Éxodo 33:21, Dios le dijo a Moisés: *"He aquí un lugar junto a mí, y tú estarás sobre la peña"*. Dios ha reservado un lugar para usted. Si se mueve allí, de manera sobrenatural, Dios proveerá todo lo que usted necesite para cumplir con Su voluntad.

2. PROVEE UN LUGAR DE PROTECCIÓN

Un lugar equivocado es cualquier lugar donde usted sabe que su andar cristiano está en peligro. Cuando usted se retira de los lugares incorrectos, usted protege su integridad. Cualquier lugar donde el mismo Cristo no iría es un ambiente equivocado. Una buena regla a seguir es: "¡Si Cristo no lo haría, usted tampoco debería!"

En el frescor del día, Adán y Eva caminaban con Dios en el huerto del Edén. Cuando ellos estaban con Dios, Satanás no se les presentaba. Él se acercaba a Eva cuando ella se ausentaba de la presencia de Dios.

Mientras Pedro permanecía al lado de Jesús, él era fuerte en la fe, pero cuando estaba solo—ausente de la presencia de Jesús—él calentó sus manos en el fuego equivocado y negó a Jesús tres veces (Véase Juan18:17–18, 25–27).

Hay protección en Su presencia. No se aleje demasiado del cuerpo de Cristo, el cual es la iglesia, o usted llegará a ser presa fácil del enemigo.

3. EXIGE LA MUERTE DEL ORGULLO

Una colocación apropiada exige la muerte al orgullo. ¡Este es duro! El orgullo es uno de los principales obstáculos que bloquean su traslado hacia el lugar correcto. Cuando nos inflamos de orgullo, decimos cosas como esta: "Bien, yo no voy a trabajar allí. Soy mejor que ellos".

Elías fue un hombre de Dios grande y poderoso. Él fue grande y fuerte profeta que mató a cuatrocientos cincuenta profetas de Baal e hizo caer fuego del cielo. Sin embargo, en 1ra Reyes, Dios le instruyó que buscara ayuda en la casa de una viuda: *He aquí yo he dado orden allí a una mujer viuda que te sustente* (1ra Reyes 17:9). Este hubiera sido un momento perfecto para que el orgullo se inflara dentro de Elías. Él pudo haber dicho: "Yo no voy a rebajarme tanto e ir a solicitar ayuda de esa mujer". Mas él no permitió que el orgullo lo detuviera de llegar al lugar correcto.

Los hombres pueden aprender mucho de sus esposas, pero el orgullo no les permite decir: "Estoy equivocado. Tú estás en lo correcto". Con frecuencia, el encontrar su colocación apropiada exige la muerte de su orgullo personal.

4. CON FRECUENCIA VA PRECEDIDA POR UNA ETAPA DE ENCOMODIDADES

La colocación apropiada con frecuencia va precedida de una etapa de incomodidades. La razón es simple: hasta que su factor de miseria sobrepase su factor de temor, usted no cambiará. Nosotros tenemos en gran estima nuestra seguridad.

Cuando una madre águila quiere que sus aguiluchos aprendan a volar, ella empieza a destruir el nido. Ella remueve la piel del animal para exponerlos a las zarzas y las espinas. De repente, el nido ya no es un lugar tan cómodo, por lo que los aguiluchos rápidamente desean extender sus alas y aprender a volar muy alto. Usted nunca volará si se siente muy cómodo. Usted nunca cambiará eso que está dispuesto a tolerar. Dios tiene una manera de hacer que nos desplacemos. Eso se llama incomodidad.

5. LIBERA LA GLORIA DE DIOS

La colocación apropiada libera la gloria de Dios en su vida. En el libro de Éxodo, Dios le dijo a Moisés cómo construir el tabernáculo:

Y he aquí que yo he puesto con él a Aholiab hijo de Ahisamac, de la tribu de Dan; y he puesto sabiduría en el ánimo de todo sabio de corazón, para que hagan todo lo que te he mandado; el tabernáculo de reunión, el arca del testimonio, el propiciatorio que está sobre ella, y todos los utensilios del tabernáculo, la mesa y sus utensilios, el candelero limpio y todos sus utensilios, el altar del incienso, el altar del holocausto y todos sus utensilios, la fuente y su base, los vestidos del servicio, las vestiduras santas para Aarón el sacerdote, las vestiduras de sus hijos para que ejerzan el sacerdocio, el aceite de la unción, y el incienso aromático para el santuario; harán conforme a todo lo que te he mandado.

(Éxodo 31:6–11)

Dios dio las dimensiones específicas, los colores y el lugar de los mobiliarios; incluso especificó las vestiduras con que debían vestirse. Ellos hicieron exactamente lo que Dios dijo y el resultado fue espectacular: *"Entonces una nube cubrió el tabernáculo de reunión, y la gloria de Jehová llenó el tabernáculo"* (Éxodo 40:34). En 2ᵈᵃ Crónicas, después que Salomón completó el templo más permanente y todo el mobiliario estaba colocado apropiadamente, las Escrituras dicen que: *"Descendió fuego de los cielos, y consumió el holocausto y las víctimas; y la gloria de Jehová llenó la casa"* (2ᵈᵃ Crónicas 7:1). El lugar correcto y el trabajo correcto liberan la gloria de Dios sobre nuestras vidas.

6. Le previene de exponerse a situaciones pecaminosas y a tentaciones

Si usted escucha y obedece la voz de Dios, Su gloria será su recompensa. Fallar al hacerlo así puede dejarlo vulnerable a situaciones pecaminosas y a tentaciones.

Las primeras palabras que Dios le habló a Adán después que éste pecó se refieren a la ubicación de Adán. *"Más Jehová Dios llamó al hombre, y le dijo: ¿Dónde estás tú?"* (Génesis 3:9). El pecado de Adán lo sacó del lugar preparado específicamente para él.

Lot era el sobrino de Abraham, pero él dejó a su tío y se fue a Sodoma. ¿Qué hacía él viviendo en Sodoma? Lot vio la oportunidad de hacerse rico, pero perdió a su esposa en el transcurso porque no estaba donde se suponía que debía estar.

7. Le puede ayudar a evitar problemas futuros

El vivir con la debida colocación de Dios, puede hacer toda la diferencia entre una vida de bendiciones y una vida de penalidades. Si vive en la ciudad correcta, va a la iglesia correcta, encuentra el empleo correcto, se asocia con la persona correcta, y, se casa con el cónyuge correcto, usted se evitará muchos problemas potenciales.

¿Cómo descubrir el lugar correcto? Arrepiéntase, ore y espere la guía divina.

Arrepiéntase. Deje de hacer lo suyo por cuenta propia.

Salmos 92:13, dice: *"Plantados en la casa de Jehová, en los atrios de nuestro Dios florecerán.* No sea un cristiano que se deja llevar por el viento, sin frutos y sin raíz, entrando y saliendo de las iglesias. Eche raíces y afírmese en la iglesia correcta.

El hijo pródigo finalmente recobró el sentido común y entendió que estaba en el lugar incorrecto, viviendo en una pocilga, cuando dijo: *"Me levantaré e iré a mi padre"* (Lucas 15:18). En efecto, lo que estaba diciendo era: "Dejo este lugar incorrecto y me regreso al lugar correcto" (Véase Lucas 15:11–32).

Ore por el tiempo de Dios y el lugar de Dios.

No estamos pidiendo por algo que Dios no sabe. Hechos 17:26, dice: *"Y de una sangre ha hecho todo el linaje de los hombres, para que habiten sobre toda la faz de la tierra; y les ha prefijado el orden de los tiempos, y los límites de su habitación"*. De acuerdo con las Escrituras, Dios asigna un lugar para usted y dispone el momento para que usted llegue allí.

Espere la guía divina.

El pasar por alto la voluntad de Dios produce severas consecuencias. Yo creo que usted está más seguro peleando una batalla dentro de la voluntad de Dios que desperdiciando un día en la playa fuera de la voluntad de Dios.

Se ha dicho: "Si Dios cierra una puerta, Él abrirá otra". Eso es verdad, pero usted no debe holgazanear mucho tiempo por los pasillos. Cuando Dios cierra una puerta y usted está en el vestíbulo esperando que la siguiente puerta se abra; entonces anhele, demuestre hambre por Su guía divina. *"Por Jehová son ordenados los pasos del hombre"* (Salmos 37:23).

La voz del discernimiento que Dios ha colocado dentro de usted lo guiará a los lugares correctos donde usted hará conexiones del Reino (la persona correcta, en el lugar correcto, en el momento correcto). Aprenda a escuchar su propia voz interna de discernimiento para liberar provisión sobrenatural en su vida y en las vidas de aquellos con los que usted se asocia.

Dios tiene un *Sea World* asignado para usted. Alguien por ahí está en su noche oscura del alma. Las personas cuentan con que usted sea sensible a la guía de Dios para estar en el lugar correcto, en el momento correcto para que Él pueda usarle a usted para hacer brillar Su luz dentro de los corazones de ellos.

Capítulo seis

EL PLAN CORRECTO

*Porque yo sé muy bien los planes que tengo para ustedes
—afirma el Señor—, planes de bienestar y no de
calamidad, a fin de darles un futuro y una esperanza.*
—Jeremías 29:11, NVI

Hay un plan correcto. Una idea que provenga de Dios puede cambiar su vida. Thomas Edison tuvo una idea, y, hoy tenemos el bombillo eléctrico. Los hermanos Wright tuvieron una idea, y, ahora tenemos la aviación. Bill Gates tuvo una idea, y, hoy tenemos la computadora personal. Hay "buenas ideas" y hay las "ideas de Dios". El Espíritu Santo quiere que usted discierna la diferencia entre las dos.

ORE PIDIENDO UN MILAGRO—TRACE UN PLAN

Quizás, hoy, usted necesite un milagro para usted o para su familia. Cuando le pide a Dios un milagro, por lo general Él le da a usted una serie de instrucciones—un plan. Él raramente obra un milagro sin un plan. Con demasiada frecuencia nosotros oramos y luego nos sentamos y esperamos que Dios obre los milagros. Sin embargo, si usted lee su Biblia, encontrará que no funciona de esa manera. ¿Quiere un milagro? Usted va a recibir una serie de instrucciones—un plan.

Cuando Josué necesitó un milagro para la conquista, Dios le dio un plan.

> *Rodearéis, pues, la ciudad todos los hombres de guerra, yendo alrededor de la ciudad una vez; y esto haréis durante seis días. Y siete sacerdotes llevarán siete bocinas de cuernos de carnero delante del arca; y al séptimo día daréis siete vueltas a la ciudad, y los sacerdotes tocarán las bocinas. Y cuando toquen prolongadamente el cuerno de carnero, así que oigáis el sonido de la bocina, todo el pueblo gritará a gran voz, y el muro de la ciudad caerá; entonces subirá el pueblo, cada uno derecho hacia delante.* (Josué 6:3–5)

En efecto, dijo Dios: "Aquí está el plan: Marchen seis veces durante seis días, y, al séptimo día, marchen siete veces. Luego toquen las bocinas y griten—y los muros caerán". Josué obedeció y con el plan de Dios derribó los muros de Jericó.

Cuando Naamán buscó un milagro de sanidad para su lepra, Dios proveyó un plan por medio del profeta Eliseo. *"Ve y lávate siete veces en el Jordán, y tu carne se te restaurará, y serás limpio"* (2da Reyes 5:10). Esta sencilla serie de instrucciones de Dios produjo un milagro de sanidad en el cuerpo de Naamán (Véase el versículo 14).

Antes de que Sansón naciera, Dios se le apareció a su madre y le dijo: *"Pues he aquí que concebirás y darás a luz un hijo; y navaja no pasará sobre su cabeza, porque el niño será nazareo a Dios desde su nacimiento, y él comenzará a salvar a Israel de mano de los filisteos"* (Jueces 13:5). Dios ya tenía un plan milagroso y detallado para su vida desde antes que el niño naciera.

En el Nuevo Testamento se cuentan historias parecidas. En el primer capítulo de Lucas, a Elisabet y Zacarías un ángel de Dios les había dicho que tendrían un hijo. Se dejó muy poco al azar.

> *Pero el ángel le dijo: Zacarías, no temas; porque tu oración ha sido oída, y tu mujer Elisabet te dará a luz un hijo, y llamarás su nombre Juan. Y tendrás gozo y alegría, y muchos se regocijarán de su nacimiento; porque será grande delante de Dios. No beberá vino ni sidra, y será lleno del Espíritu Santo, aun desde el vientre de su madre. Y hará que muchos de los hijos de Israel se conviertan al Señor Dios de ellos. E irá delante de Él con el espíritu y el poder de Elías, para hacer volver los corazones de los padres a los hijos, y de los rebeldes a la prudencia de los justos, para preparar al Señor un pueblo bien dispuesto.* (Lucas 1:13–17)

Una vez más, el plan de Dios llegó con un nombre y una labor, antes de que Elisabet quedara embarazada de Juan el Bautista, su hijo de milagro.

En las bodas de Caná, cuando María le pidió a su Hijo un milagro de provisión, Jesús dio un plan. María tenía suficiente experiencia con los planes de Dios por lo que ella supo qué hacer.

> *Su madre le dijo a los que servían: Haced todo lo que os dijere. Y estando allí seis tinajas de piedra para agua, conforme al rito de la purificación de los judíos, en cada una de las cuales cabían dos o tres cántaros. Jesús les dijo: Llenad estas tinajas de agua. Y las llenaron hasta arriba. Entonces les dijo: Sacad ahora, y llevadlo al maestresala. Y se lo llevaron.* (Juan 2:5–8)

El agua cambió de color en la presencia de su Creador, volviéndose en vino de la más alta calidad (Véase Juan 2:8–10). Cuando usted le pide a Dios un milagro, Él conecta el resultado de su milagro con el plan para ese milagro.

CONOZCA LA PUENTE

Jeremías 29:11, dice: *"Porque yo sé los pensamientos que tengo acerca de vosotros, dice Jehová, pensamientos de paz, y no de mal, para daros el fin que esperáis"*. Dios lo creó a usted con un propósito. Cuando no sabe por qué una cosa fue hecha, usted puede abusar de ella con facilidad. No le pregunte a la creación cuál es el propósito de que ella exista; pregúntele a su Creador.

Algunos de ustedes pueden estar pensando: *Tú no sabes de donde vengo, las cosas que yo he hecho. Tú no conoces a mis padres. Yo vengo de un trasfondo de ilegitimidad.*

Eso no es importante para Dios.

He aquí lo que usted necesita entender: *"Antes que te formase en el vientre te conocí, y antes que nacieses te santifiqué, te di por profeta a las naciones"* (Jeremías 1:5). Usted no proviene de un trasfondo. Usted no proviene de sus padres. Usted puede haber provenido a *través* de ellos, pero usted no proviene *de* ellos. Usted proviene de Dios. Su labor no puede ser echada a perder debido a sus circunstancias.

Efesios 2:10, nos recuerda: *"Porque somos hechura suya, creados en Cristo Jesús para buenas obras, las cuales Dios preparó de antemano para que anduviésemos en ellas"*. Cuando usted fue creado, Dios lo codificó para una labor y Él le dio poder a usted para cumplir con su cometido. El trabajo del enemigo es sacarnos de esa labor divina, sacarnos de la voluntad de Dios.

Cada tarea tiene un lugar de nacimiento. El destino se alcanza por medio de discernir esos momentos de transición cuando Dios le envía a usted Su mapa que le dirigirá hacia su propósito.

La iglesia *Free Chapel*, la cual pastoreo, tiene unos cincuenta años de existencia. El anterior pastor, Roy Wellborn, me programó para que llegara cada año a predicarle durante una campaña, cuando yo estaba como evangelista a tiempo completo. La última vez que prediqué para el pastor Wellborn, fue programada con nueve meses por adelantado. Sin embargo, justo antes de la fecha, él se enfermó, fue hospitalizado y pasó a la presencia del Señor. Él murió un viernes por la noche. Yo tenía que predicar ese domingo.

La congregación amaba al pastor Wellborn. Ellos estaban devastados por su muerte. Usted se puede imaginar cuan inadecuado me sentía al pararme en el púlpito dos días después de su muerte—el púlpito que este hombre amado y fiel ocupó por más de treinta años. Tan pronto como el servicio de la mañana concluyó, ellos hicieron entrar el ataúd y llevaron a cabo el servicio fúnebre del pastor Wellborn.

> El plan de Dios a menudo llega con eventos inesperados que lo fuerzan a ir por una dirección que usted jamás tomaría.

En ese tiempo, yo no tenía ni idea que estaba allí por un plan divino del Todopoderoso Dios. Estoy seguro que cuando el pastor Wellborn me programó para que predicara en su iglesia, él no tenía ni idea que estaría en el cielo esa misma semana, o que Dios ya me había elegido como su reemplazo.

Realmente Dios tiene un plan maravilloso para nuestras vidas. Ore para pidiendo una visión especial de los planes de Dios para su vida. Usted descubrirá que: *"Cosas que ojo no vio, ni oído oyó, ni han subido en corazón de hombre, son las que Dios ha preparado para los que Le aman"* (1ra Corintios 2:9).

EL INESPERADO PLAN DE DIOS

El plan de Dios para su vida con frecuencia llega con eventos inesperados que lo fuerzan a ir por una dirección que usted jamás tomaría. Ester experimentó la guía providencial de Dios que le dio a su labor un "lugar de nacimiento".

El libro de Ester comienza con siete días de fiesta desenfrenada en el palacio del rey. El rey Asuero le pidió a todo el consejo de militares que se le unieran para su próxima expedición militar. Él estaba hambriento de poder. Para vender su idea, decidió "agasajar" a sus jefes militares por siete días.

Al finalizar los siete días de fiesta, la personificación de la seducción se jactaba mostrando a las más bellas mujeres del harem del rey. Estas mujeres esbeltas bailaban delante de los jefes militares borrachos, asegurando así que ellos estuvieran listos para seguir al rey a donde quiera que él los llevara a la batalla.

Como el glaseado de la tarta, se acostumbraba traer a la reina a bailar para con ello cerrar el trato. No había nada fuera de lo común que el rey le pidiera a la reina Vasti que bailara; lo que estaba fuera de lo común era que ella se rehusara. Cuando la reina no apareció, uno de sus jefes militares exclamó:

Porque este hecho de la reina llegará a oídos de todas las mujeres, y ellas tendrán en poca estima a sus maridos, diciendo: El rey Asuero mandó traer delante de sí a la reina Vasti, y ella no vino. Y entonces dirán esto las señoras de Persia y de Media que oigan el hecho de la reina, a todos los príncipes del rey; y habrá mucho menosprecio y enojo.

(Ester 1:17–18)

Tremendamente avergonzado, el rey Asuero decidió deshacerse de la reina. De repente, el rey se quedó sin reina. Para encontrar una nueva reina, el palacio anunció un "certamen nacional de belleza". Como resultado, ciento veintisiete mujeres fueron seleccionadas de las provincias para la consideración del rey. Ester, una joven huérfana, fue elegida como una de ellas.

La fatal actitud de la reina Vasti abrió paso para que se cumpliera el más alto propósito de Dios. Algunas veces, cuando las cosas suceden usted no las puede explicar, estas ocurrencias paradójicas nos dicen que alguien más está a cargo. Como cristianos, no creemos que las cosas sucedan por casualidad; en vez de eso, creemos que Dios tiene un plan para nuestras vidas. Es interesante cómo Dios a menudo parece usar a personas con trasfondos desventajosos—Ester era huérfana. Pero Dios tiene la costumbre de escoger a los don nadie para convertirlos en alguien.

De la noche a la mañana, Dios colocó a la muchacha huérfana, Ester, en el palacio. Mardoqueo, su tío devoto, la crió y la había preparado para la grandeza. Ella sabía que era especial aunque no tuviera zapatos bonitos y viviera en una choza. Mardoqueo le había enseñado acerca de su relación del pacto con Dios.

> Dios tiene la costumbre de escoger a los don nadie para convertirlos en alguien.

Muchas veces, al igual que Ester, estamos ajenos al plan de Dios para nuestras vidas. Probablemente ella soñaba con criar una tradicional familia judía, llevando una vida ordinaria, no sabiendo que ella estaba destinada a cosas extraordinarias. Estoy seguro que ella soñaba agarrarse de las manos con su prometido bajo el árbol de olivo y planear la ceremonia de su boda. Mientras ella planeaba las cosas comunes, Dios estaba planeando oportunidades sobrenaturales para ella.

Mientras estamos atareados aferrándonos a las cosas menores, las cosas ordinarias, las cosas mediocres, Dios está planeando cosas extraordinarias para nuestro futuro. No permita que nadie le diga que no puede alcanzar las estrellas.

Aunque usted no pueda llegar allí ahora, usted tiene la posibilidad de que quizás mañana usted lo pueda lograr. *"Y sabemos que a los que aman a Dios, todas las cosas les ayudan a bien, esto es, a los que conforme a su propósito son llamados"* (Romanos 8:28).

Un hombre piadoso puso los cimientos en la niñez de Ester para prepararla para la labor de su vida. Cuando el rey escogió a su nueva reina, de entre todas estas mujeres, él escogió a Ester.

Ester fue preparada, sicológica y espiritualmente para ser grande. Dios a menudo le asigna un mentor para darle visión, sabiduría y dirección. Ester tuvo a su Mardoqueo, Rut a su Noemí y María a su Elisabet. Timoteo tuvo la fe de su madre y su abuela. Pablo escribió: *"Trayendo a la memoria la fe no fingida que hay en ti, la cual habitó primero en tu abuela Loida, y en tu madre Eunice, y estoy seguro que en ti también"* (2da Timoteo 1:5).

Usted puede ser el mentor de sus hijos. Lo que usted hable a la vida de sus hijos hoy, puede prepararlos para inesperadas grandezas e ilimitadas oportunidades.

Dios tenía un propósito más elevado para la joven Ester, más que el de ganar el certamen del rey. Antes de que esta joven fuera elegida de su provincia para entrar en el concurso, ella no conocía el protocolo adecuado: a ella no se le habían enseñado las etiquetas de la mesa; ella no sabía las normas de cortesía real; ella no conocía cuáles eran los vestidos adecuados que debía lucir; ella no demostraba los modales adecuados de la realeza. Sin embargo, Dios eligió a una joven huérfana e ignorante, recién salida de las montañas. Como en la Cenicienta, su pie "calzaba en la zapatilla de cristal", y ella halló gracia ante el rey.

El rey escogió a Ester, no porque fuera judía o porque él hubiera tenido una revelación espiritual. Él estaba sencillamente usando sus sentidos, inconsciente de que Dios estaba guiando sus ojos.

¿Sabía usted que Dios puede hacer uso de personas que no son espirituales? ¿Alguna vez alguien le ha dicho: "No sé por que estoy haciendo esto por ti; yo no sé por qué estoy rompiendo las normas por ti?" Ellos le están diciendo la verdad—ellos no saben por qué lo están ayudando a usted. Ellos no pueden explicar inteligentemente por qué quieren ayudarlo. La voluntad de Dios incluso hace uso de sus enemigos para abrirle camino a usted, cuando usted está en Su voluntad. Proverbios 16:7, dice: *"Cuando los caminos del hombre son agradables a Jehová, aun a sus enemigos hace estar en paz con él"*.

Una vez que Ester estuvo en el palacio, ella tuvo que pasar por el proceso de purificación. Junto con el llamado de Dios llega "el proceso". Nos gusta ser llamados y escogidos por Dios, pero por cada llamado existe una disciplina.

> Nos gusta ser llamados por Dios, pero por cada llamado existe una disciplina.

Primero, Ester tuvo que emparse con aceite por seis meses. En las Escrituras el aceite tipifica al Espíritu Santo. Estoy seguro que sus pies tenían callos de andar descalza en las colinas y las montañas. Ella tenía que ser bañada en aceite para suavizar la piel entre los dedos y la planta de sus pies. Antes de que Dios pueda usarlo a usted, Él tiene que empaparlo en el Espíritu Santo para sacar los lugares ásperos de su vida.

Esta mujer iba a determinar el destino de su nación. Ella tuvo que ser ungida. Ella estaba afectando a las futuras generaciones. La reina Vasti era una mujer independiente en lo que se refiere a hacer sus propias cosas, pero Ester entendió que no se trataba de hacer sus propias cosas; sino de seguir el plan de Dios.

Al empaparse con aceite todos los días durante seis meses, Ester representaba a una mujer de Dios que llega a estar extremamente en armonía con el Espíritu Santo. Dama, no piense que usted es rara porque es sensible espiritualmente. Usted no es una persona que sólo tiene una mente y un cuerpo, sino que usted tiene un espíritu. Por lo tanto, usted es espiritual, no solamente atractivo. Usted puede llevar un bonito vestido y maquillaje, pero también puede llevar la unción del Espíritu Santo en su interior. No se avergüence de su espiritualidad.

Caballero, algunas veces sus amigos harán mofa porque usted es inclinado a la espiritualidad. Puede que ellos se burlen de su sensibilidad y compasión, tentándolo a retroceder a ese pasado indiferente, despreocupado y desenfrenado. Pregúntese usted mismo: *"¿Cómo les va con eso a mis llamados "amigos?"* Recuerde que se requiere de más valor y masculinidad para permanecer sensible a las cosas de Dios que para alejarse de Él y vivir su propia vida.

El segundo paso del proceso de la purificación de Ester era perfumarla. Usted sabe lo que hace el perfume. Le hace oler agradable; atrae a las personas hacia usted. En la Biblia, el incienso representa nuestra alabanza a Dios. En el tabernáculo del Antiguo Testamento había un altar del incienso. Cuando el sacerdote vertía el perfume en el carbón caliente del altar del incienso, el aroma subía al cielo. La Biblia dice que Dios recibía la ofrenda del incienso como un olor fragante (Véase Levíticos 2:2). Por supuesto, bajo el nuevo pacto, nosotros no tenemos que rociar incienso sobre un fuego encendido. Todo lo que tenemos que hacer es abrir nuestras bocas y dar a Dios el fruto de nuestros labios, que es la fragancia de alabanza en Sus fosas nasales (Véase Hebreos 13:15).

Cuando verbalmente alabamos a Dios, es como si esparciéramos el perfume o colonia más caro; sube al cielo y crea un aroma que capta la atención de Dios. El alabar es más que hacer ruido. Cuando usted Le alaba, usted invita la presencia de Dios, la tranquilidad de Dios y la serenidad de Dios a entrar en su vida.

A la alabanza se le llama el "aceite de mirra". ¿Recuerda a los sabios que llegaron a Belén cuando Jesús nació? Ellos trajeron incienso y mirra, lo cual denota alabanza y adoración. Aprenda a ser un adorador.

La fragancia de Ester alcanzó al rey antes de que ella llegara donde él. La razón por la cual el rey extendiera su cetro a Ester fue porque ella llenó la sala del trono con su perfume de alabanza antes que a ella se le diera acceso a la presencia del rey. Nosotros también, primero venimos a la presencia de Dios por medio del aroma de nuestra alabanza.

> Con la alabanza llega la profecía, la dirección y el plan de Dios para su vida.

Con razón que el más grande adorador, el rey David, dijera: *"Entrad por sus puertas con acción de gracias, por sus atrios con alabanza; alabadle, bendecid su nombre"* (Salmos 100:4). Ester fue escogida, preparada, empapada de aceite y perfumada.

Cuando usted alaba, usted adquiere una idea de lo que Dios quiere que usted haga. Con la alabanza llega la profecía. Con la alabanza llega la dirección. Con la alabanza llega el plan de Dios para su vida.

Estoy seguro que después de seis meses de baños de burbujas, masajes, pedicura, manicura, mimos, la opulencia del palacio y con el lujoso estilo de vida del que Ester fue provista, ella empezó a aburrirse un poco espiritualmente. Si no es cuidadoso, usted puede llegar a estar tan consentido y cómodo espiritualmente, que olvidará que existe una piadosa razón para estar donde está. ¡Este no es momento para estar cómodo! Todavía existe una confabulación para aniquilar a nuestros hijos, a nuestros hogares, a nuestros matrimonios y a nuestra nación. Usted tiene un llamado de Dios sobre su vida; usted tiene una cita con el destino.

Mientras Ester estaba cómoda y casi olvidando su propósito, Mardoqueo se vistió de cilicio (Véase Ester 4:1). El traje de cilicio es hecho de una tela de feo aspecto. Él se miraba feo. De vez en cuando, nosotros debemos "ponernos feos" para captar la atención de Dios. Tenemos que afligirnos con ayuno y oración.

Mardoqueo le recordó a Ester que ella no estaba allí para lucir bien y llevar hermosos vestidos. No, ¡había una misión que realizar!

Entonces dijo Mardoqueo que respondiesen a Ester: No pienses que escaparás en la casa del rey más que cualquier otro judío. Porque si callas absolutamente en este tiempo, respiro y liberación vendrá de alguna otra parte para los judíos; más tú y la casa de tu padre pereceréis. ¿Y quién sabe si para esta hora has llegado al reino? (Ester 4:13–14)

No olvide su propósito. Esto va para todas las Ester en nuestro derredor, recuerden que hay un complot para destruir a su familia. A todos nosotros nos gusta que nos consientan, pero hay una batalla que pelear y una victoria que ganar. ¡Existe una causa!

Ester recibió el mensaje de Mardoqueo y envió la respuesta de regreso, diciéndole algo así: "De momento estuve un poco mareada. Fui a un viaje de fantasía, pero por supuesto que estoy de vuelta. He tomado una decisión en cuanto a mi propósito. Sé que Dios me ha llamado para hacerlo y tengo que tomar este paso". Ester dijo: *"¡Y si perezco, que perezca!"* (Ester 4:16). El resultado fue que Ester pudo preservar a su nación.

"¿Y quién sabe si para esta hora has llegado al reino?" Ha llegado el momento de que usted tome su paso. Hasta ahora usted ha estado solamente representando su papel. Caballeros, ustedes se quedan tranquilos, distantes en la parte trasera. Damas, ustedes visitan la iglesia como modelos de modas. Ahora ha llegado su momento. Hace un par de años quizás ustedes podían darse el lujo de jugar con Dios; sin embargo, ha llegado su momento. No olvide su propósito. Muévase y lógrelo—sométase a la voluntad de Dios. Sea ungido con el aceite del Espíritu Santo; sea perfumado con la alabanza apasionada para Dios. Usted ha llegado al reino para esta hora. Jesús oró: *"No se haga mi voluntad, sino la tuya"* (Lucas 22:42). Ore y espere que Dios le de el plan correcto para su vida.

Sea abierto a las interrupciones divinas; cuando Dios hace algo nuevo, eso no es ni parecido a lo viejo. La esposa de Lot sólo aparece una vez en el Antiguo Testamento. ¿Por qué Jesús nos dijo que la recordáramos? (Véase Lucas 17:32). Fue porque ella se rehusó a romper con el pasado. Ella se convirtió en un monumento sin vida. Deje de ensayar sus comienzos y escriba el resto de su historia. En Isaías, Dios le dijo a Su profeta: *"He aquí que yo hago cosa nueva; pronto saldrá a luz"* (Isaías 43:19). Si usted tiene miedo del futuro, recuerde que Él nunca le ha fallado.

Parte III

DESENLLAVANDO EL DISCERNIMIENTO

Capítulo siete

ESPERANDO EN EL SEÑOR

El que creyere no se apresure.
—Isaías 28:16

Por un tiempo, en el año 2005, me daba vergüenza decir de dónde provenía. Cada vez que miraba las noticias, todo lo que veía y oía era "la novia que huyó de Gainesville, Georgia. Eso era constante. Mi corazón estaba con aquellas familias y con la novia misma, porque aquel momento personal y traumático se convirtió en la comidilla del público.

La verdad es que, hay gran cantidad de malos matrimonios en este mundo debido a que las personas se apresuran por casarse. Hubo presión, temor o emoción, y, ellos continuaron con los preparativos. Algunas personas le habían dicho a la pareja de Gainesville: "Ustedes deben esperar". Los consejeros les dijeron: "Ustedes deben esperar". Las personas a las cuales ellos respetaban espiritualmente les dijeron: "Ustedes deben esperar". Permítame agregar mis dos centavos de pensamiento: si usted está confundido de si o no quiere casarse con alguien al punto de que está listo para huir, usted no necesita casarse con esa persona—¡nunca!

En 1ra Samuel 13, leemos de un hombre que tenía problemas esperando. Saúl era el rey de la nación de Israel, la cual estaba sitiada por el ejército filisteo. El profeta Samuel le dijo a Saúl que verdaderamente la guerra se avecinaba. Por medio de Samuel, Dios le dio instrucciones a Saúl de irse al templo y esperara durante siete días. Después de eso, Samuel vendría y ofrecería sacrificio, y, Dios iría a la guerra con ellos. Muy sencillo ¿correcto? Equivocado.

Las Escrituras dicen:

Y él esperó siete días, conforme al plazo que Samuel había dicho; pero Samuel no venía a Gilgal, y el pueblo se le desertaba. Entonces dijo Saúl: traedme holocausto y ofrendas de paz. Y ofreció el holocausto. (1ra Samuel 13:8–9)

Poco después, Samuel llegó y Saúl salió a recibirlo. Samuel le preguntó a Saúl qué había hecho. Saúl respondió:

Porque ví que el pueblo se me desertaba, y que tú no venías dentro del plazo señalado, y que los filisteos estaban reunidos en Micmas, me dije: Ahora descenderán los filisteos contra mí a Gilgal, y yo no he implorado el favor de Jehová. Me esforcé, pues, y ofrecí holocausto. (versículos 11, 12)

¿Oye usted lo que Saúl estaba diciendo? "El pueblo estaba esperando que yo hiciera algo. Tú no estabas aquí. Nada ocurría. Yo no me iba a quedar sentado. Yo tenía que hacer algo. El pueblo esperaba que yo hiciera algo".

La respuesta de Samuel fue:

Locamente has hecho; no guardaste el mandamiento de Jehová tu Dios que él te había ordenado; pues ahora Jehová hubiera confirmado tu reino sobre Israel para siempre. Más ahora tu reino no será duradero. Jehová se ha buscado un varón conforme a su corazón, al cual Jehová ha designado para que sea príncipe sobre su pueblo, por cuanto tú no has guardado lo que Jehová te mandó. (1ra Samuel 13:13–14)

¿Observa usted lo que estaba pasando aquí? Si Saúl sólo hubiera esperado como se le instruyó, nunca se hubiera necesitado a David. Jehová hubiera establecido Su reino con Saúl.

Dios tiene un tiempo perfecto y una forma correcta para cada cosa. Nos podemos meter en problemas cuando no nos acostumbramos a esperar en Él. *"El que creyere, no se apresure"* (Isaías 28:16). Si usted cree que Dios sólo quiere lo que es mejor para su vida y usted le sigue a Él, entonces Él tiene el control de su vida—su familia, su carrera, sus finanzas, sus decisiones, ¡todo!

> Podemos meternos en problemas cuando no nos acostumbramos a esperar en el Señor.

En otras palabras, ¡no apresure las cosas! No haga las cosas porque otras personas lo están presionando. Las personas pueden hacer de sus vidas un desastre cuando se apresuran, aunque en sus corazones estén escuchando: *Aguarda* y *Espera.*

"El que creyere, no se apresure". El que creyere no se apresurará a resolver cualquier cosa.

> *Pero los que esperan a Jehová tendrán nuevas fuerzas; levantarán alas como las águilas.* (Isaías 40:31)

> *Aguarda a Jehová; esfuérzate, y aliéntese tu corazón; sí, ¡espera a Jehová!* (Salmos 27:14)

ESPERANDO FINANCIERAMENTE

Las personas hoy en día tienen que tenerlo todo inmediatamente. Hace años, comprar algo al crédito generalmente era considerado malo. Eso hacían las personas sin dinero. Ahora, la gente ya no considera ahorrar para poder hacer una compra grande. ¿Por qué esperar cuando usted lo puede tener ya mismo?

He oído a algunas personas decir: "Bueno, realmente no siento paz acerca de esa casa, pero anduvimos viéndola y sentimos choques escalofriantes. Esa es la casa que siempre quisimos". ¿Pero puede usted pagar por esa casa? ¿Puede hacer los pagos mensuales?

Puede ser que ahora no sea el momento correcto. ¿Quiere decir eso que usted nunca podrá tenerlo? No, puede significar que ahora no es el momento indicado. Recuerde: *"el que creyere, no se apresure"*.

Las personas toman decisiones insensatas tratando de mantenerse al nivel de los vecinos, sólo para darse cuenta, una vez que están al nivel de los demás, que se han endeudado hasta la coronilla. Las personas toman decisiones financieras incorrectas porque ellos no usan el discernimiento; ellos no esperan en Jehová. Espere y ahorre su dinero. Sea paciente. No trate de obtenerlo todo ahora. ¡Espere!

No lo fuerce

El tiempo de Dios es perfecto. Si usted está siendo presionado, ese es el momento en que usted debe alejarse. Usted necesita orar y ayunar. Usted necesita ir a la Palabra. Luego, una vez que usted haya orado, haya ayunado y haya ido a la Palabra con su cónyuge, usted necesita hablar con algunos de sus amigos cristianos, o quizás con el pastor y decirle: "Ayúdeme a orar por esto". *"Por boca de dos o tres testigos"* (2ᵈᵃ Corintios 13:1), toda decisión grande en su vida debe ser confirmada. No necesita ser solamente usted. No necesita entrar a través de una puerta abierta sin antes haber orado.

Dios no empuja; Dios guía. Dios no fuerza; Dios dirige. No ponga a riesgo con su impaciencia lo mejor de Dios, tratando de hacer que suceda algo en su vida que solamente Él puede dar. Yo pienso en tantos hombres de Dios que he conocido que mordieron el polvo por impacientes. Ellos empezaron a pensar: *Las reglas ya no se aplican a mí, puedo tomar las riendas con mis manos.* Ellos escalaron increíbles alturas, alcanzaron a multitudes de personas; sin embargo, en algún momento ellos perdieron el toque de la realidad y corrieron queriendo aventajar a Dios.

Eso fue lo que le sucedió a Saúl. Usted debe tener cuidado cuando Dios lo bendice. Usted puede llegar a un punto donde cree que las reglas, la Palabra de Dios, ya no se aplican a usted. Años atrás, Dios había hablado a Saúl por medio del profeta Samuel, diciéndole: "Saúl, no ofrezcas sacrificios". Mas el temor de Saúl venció su fe en la Palabra de Dios y él tomó el asunto en sus manos.

A mí no me interesa cuanto dinero usted tenga. No me importa cuanto poder tenga usted. No me preocupa cuanta influencia usted tenga. No me importa el éxito que usted tenga. Si usted no usa el discernimiento, si usted no espera en Jehová, ¡es sólo cuestión de tiempo antes de que todo eso lo alcance a usted! Usted se convertirá en un desenfrenado y perderá su sensibilidad espiritual. Eso fue lo que pasó a Saúl.

Si usted está envuelto en el mundo de los negocios, usted necesita entender esto. Cuando Dios lo bendice a usted con prestigio, posición y poder, usted necesita discernimiento espiritual para saber cuándo usted comienza a irse por la tangente y a pensar que las reglas ya no se aplican a usted. Usted necesita seguir esperando en Jehová y no recurrir a atajos ilegales o inmorales que se acumulan en el resultado final.

Enfrentando a su Oliat

He aquí el por qué esto es tan importante. Mientras Saúl fue atrapado por sus propias cosas—ofreciendo sus propios sacrificios, no escuchando a nadie, no esperando en Dios— Goliat iba de camino. Nunca antes Saúl se había encontrado con Goliat, pero Dios sabía que Goliat vendría. Dos capítulos más adelante Goliat llegó para encontrar a Saúl temblando dentro de su tienda. ¿Por qué? Cuando usted comienza a hacer sus propias cosas, cuando usted no espera en Jehová o busca Su consejo, Goliat se presenta y usted no tiene confianza—no tiene valor. Saúl no estaba listo para pelear contra Goliat. Las Escrituras dicen que solamente *"oyendo Saúl y todo Israel estas palabras del filisteo, se turbaron y tuvieron gran miedo"* (1ra Samuel 17:11). Él tenía miedo porque no había aprendido a esperar en Jehová. Afortunadamente, había un muchacho llamado David que sabía cómo esperar en Jehová, adorar a Jehová y alabar a Jehová, por lo que, cuando Goliat vino, él no tuvo miedo.

> Usted no quiere ignorar todo lo que Dios le dijo que hiciera cuando su Goliat llegara.

Sencillamente le estoy diciendo esto: Goliat se acerca. Usted no puede darse el lujo de desconectarse de Dios. Usted no puede darse el lujo de ignorar las convicciones del Espíritu Santo y no esperar en Jehová. Pase tiempo con Él. Busque Su rostro. No se equivoque, Goliat llegará. Usted podría decir: "Oh, yo ya me he enfrentado con él. ¡Uh! Permítame que le cuente mi testimonio". ¡Yo le prometo a usted que otro vendrá! Ellos vienen por temporadas—el Goliat de algún error con algunos de sus hijos, el Goliat financiero, el Goliat de la carrera profesional, el Goliat de la salud. Yo no sé cual será su Goliat, pero lo que sí sé es que viene y usted no quiere estar temblando dentro de su tienda cuando él llegue. Usted no quiere ser frío e indiferente. Usted no quiere ignorar todo lo que Dios le dijo que hiciera cuando su Goliat llegara.

Las Escrituras declaran que Goliat tenía una figura abrumadora: *"un hombre de guerra desde su juventud"* (1ra Samuel 17:33). Eso quiere decir que muchos hombres habían tratado de derrotarlo en combate, pero ninguno lo había logrado. Cuando la crisis llegue, un temor vendrá a su corazón. No obstante, si usted realmente está en contacto con Dios, algo mucho más grande se levantará dentro de usted y dirá: "No tendré pánico. No tendré pavor. No temeré. Dios está conmigo. Él está en Su trono. Todo saldrá bien".

Hay personas leyendo este libro que van demasiado rápido y con furia. Ellos cstán tratando dc haccr ajustar algo que no se ajusta. Usted está tratando de forzarlo a que se ajuste. Finalmente, usted logra que se ajuste un poco, pero ahora hay otras piezas que no ajustarán. Eso enreda todo el rompecabezas. ¡Al igual que con su vida! ¡Si no se ajusta, no lo fuerce! Si no se siente bien, espere en Jehová porque *"el que creyere, no se apresure"*.

El esperar en Jehová significa que usted reconocerá Su voluntad y Su voz. Eso no quiere decir que usted tenga que quedar paralizado por analizar todo hasta la muerte. Eso no significa que usted va a esperar a que se le aparezca un ángel o esperar que le crezca lana.

Descanse en el hecho de que Dios sabe como hablar a Sus hijos y que *"por boca de dos o tres testigos se decidirá todo asunto"* (2da Corintios 13:1). Espere en Él y esos testigos aparecerán. Aun cuando parezca una buena oportunidad, ¡asegúrese de que sea una oportunidad que proviene de Dios!

Capítulo ocho

Cuidando los momentos de descuidos

¡Bendito sea Jehová Dios de Israel, que te envió para
que hoy me encontrases! Y bendito sea tu razonamiento,
y bendita tú, que me has estorbado hoy de ir a derramar
sangre, y a vengarme por mi propia mano.
—1ra Samuel 25:32–33

En un típico domingo por la mañana en la casa de los Franklin. Salgo desde las 5:00 a.m., y pongo los toques finales a mi sermón. Cherise se queda en casa para ayudar a los cinco niños a vestirse y alistarse para ir a la iglesia. ¿Ha tratado usted sólo de alistar a cinco niños y a usted mismo para ir a la iglesia? ¡Algunas veces ella siente que está en una prueba para ir a la batalla del Armagedón!

Otro domingo por la mañana recibí una frenética llamada por teléfono. "Ya no aguanto", dijo ella. "No puedo más. He alcanzado mi punto límite". Después que mi esposa había vestido completamente a los niños, Drake, nuestro hijo de siete años, derramó algo sobre su ropa. Connar, nuestra hija de ocho años, no podía encontrar sus zapatos por ningún lado.

Courteney y Caressa, nuestras adolescentes, peleaban por quién se iba a poner qué blusa. Carolina, nuestra hija de doce años, había comido demasiado dulces la noche anterior y se sentía mal.

¡No hay nada mayor que el gozo de alistarse para estar en la casa del Señor! Para la hora que Cherise llegó a la iglesia, veinte minutos tarde, ¡estaba tan agotada que deseaba ponerse la sábana sobre su cabeza y quedarse acostada!

El "momento de descuido"

¿Alguna vez ha estado usted así? Si lo ha estado, usted sabe cómo se sintió David cuando él tuvo lo que yo llamo un "momento de descuido".

David fue ungido como rey durante el reinado de Saúl sobre Israel. Pero no llegó al trono inmediatamente. Él fue ungido a los diecisiete años, pero fue nombrado hasta que cumplió los treinta años.

A medida que el treintavo cumpleaños de David se aproximaba, el reloj seguía repicando y ninguna de las promesas de Dios se había cumplido en su vida. ¿Cómo puede Dios decir una cosa, pero las circunstancias de su vida dicen otra cosa? Con frecuencia, antes de que usted alcance su sueño, usted experimentará lo opuesto de lo que quiere. Abraham soñaba con Isaac, el hijo prometido; pero primero experimentó con Ismael, el hijo problema. Los hijos de Israel soñaban con una tierra que fluía leche y miel, pero primero experimentaron el desierto sin comida ni agua. Jacob soñaba con una bella novia llamada Raquel, pero primero él fue engañado para casarse con Lea.

Para empeorar las cosas, David comandaba seiscientos hombres que tenían deudas, estaban angustiados y se sentían descontentos. David se propuso la tarea de entrenarlos para que fueran un ejército poderoso.

Un día, ellos se aproximaron a un viñedo de un hombre llamado Nabal, un hombre rico, casado con una bella e inteligente mujer llamada Abigail. Aunque Nabal actuó insensatamente, Abigail usó su discernimiento para honrar a David, el hombre de Dios (Véase 1ra Samuel 25:2–42). Los hombres de David decidieron proteger y defender el viñedo de Nabal y en vez de pedirle pago en efectivo, pidieron alimento para reponer sus fuerzas. Nabal actuó conforme significa su nombre "tonto". Él rehusó darles ninguna clase de alimento, y, para agregar insultos a las heridas, acusó a David de ser un esclavo que había escapado de su amo. En otras palabras, él llamó a David un "don nadie". Nabal insultó a David al rechazarlo.

Para poder apreciar la reacción de David, usted necesita entender el punto crítico en el que estaba viviendo en ese momento. David representa a los hombres que están pasando por una transición en la vida; hombres que están cerca de alcanzar sus sueños, pero que su cumplimiento parece estar demasiado lejos todavía. ¡Están viviendo en una promesa no realizada! David tuvo que preguntarse: *"¿Realmente Dios dijo que yo iba a gobernar como rey, o fue que yo tuve una fantasía?*

Durante trece años David había estado esperando esa promesa. Él había creído en Dios cada paso del camino, él ahora había llegado a su punto límite. En este delicado y difícil momento llegó Nabal. En medio de la frustración espiritual de David, lo que Dios había dicho acerca de su futuro no era lo principal en su mente. En todo lo que él podía pensar en ese momento era en su situación y su hambre.

En ese momento de descuido, David reunió cuatrocientos hombres de sus fieros guerreros y dijo: *"Cíñase cada uno su espada"* (1ra Samuel 25:13). Y se dirigieron a matar a Nabal y a toda su familia.

Nabal estaba por sentir la ira de David. Con sus metas prometidas y el trono eludiéndolo, David perdió los estribos. ¿Cuántos de nosotros podemos relacionarnos con esto? Cantidades interminables de ropa lavada que no le fueron agradecidas, niños llorando, jefes antipáticos, luego alguien se le interpone en el tránsito y usted quiere gritar: "¡No aguanto más!" ¡Usted ha llegado al punto límite! Usted está teniendo un momento de descuido.

Usted nunca sabe cuándo va a suceder. La emoción humana es impredecible. Y ciertamente los cristianos no estamos exentos a esas veces cuando la presión de la vida saca lo más crudo y más profundo de nuestras emociones. Sin embargo, todo lo que se necesita es un momento de descuido y usted puede perder su reputación, su testimonio e incluso su ministerio.

> Un momento de descuido puede hacerle perder su reputación, testimonio y ministerio.

Un miércoles por la noche, hace algún tiempo ya, experimenté un momento de descuido. Estaba llevando a los niños a casa saliendo de nuestro servicio de lo miércoles por la noche. Cherise había salido de la ciudad y yo tenía a los cinco niños conmigo. Yo finalmente les puse el cinturón a todos en sus asientos y comenzamos nuestro viaje a casa cuando me informaron que estaban con hambre.

Paramos en un restaurante de comida rápida de esos que están en camino, uno de los que tienen ¡grandes arcos amarillos! La noche del miércoles anterior, habíamos parado en el mismo restaurante y pasamos por la ventanilla del servicio en carros donde específicamente pedí cinco comidas infantiles de hamburguesas con queso, sin cebolla y sin pepinillos.

Manejamos a casa, y, cuando los niños abrieron sus comidas, las cebollas estaban por todas partes. Todos ellos patalearon y se fueron a cama con hambre, y, yo me sentí frustrado.

Así que, aquí estábamos de nuevo, el siguiente miércoles por la noche, en el mismo restaurante, el mismo servicio en carro, la misma dama en la ventana. Avancé hasta mi ventanilla y comencé a hablar por la pequeña caja. Yo estaba de lo más caballeroso, porque soy el pastor Franklin—y ¡porque algunos de mis miembros estaban haciendo fila detrás de mi carro!

Yo rogué a través de la pequeña caja: "Por favor, señora, nada de cebollas. Esto es extremamente importante: nada de cebollas, nada de pepinillos. Pedimos esto la semana pasada y usted no lo hizo. Por favor tenga cuidado esta semana. Asegúrese de que las hamburguesas no tengan cebollas ni pepinillos".

Ella dijo: "Así lo haré".

Avanzamos y agarramos nuestras cinco comidas. Los niños preguntaron: "¿Papi, podemos comer en el carro? "Absolutamente, no", respondí, "ustedes tienen que comer en casa. ¡No voy a tener toda esa basura en mi carro por otro mes!"

Llegamos a casa y pasé la puerta con dos o tres niños gritando como si se estuvieran muriendo de hambre. Abrí la hamburguesa con queso número uno y revisé—nada de cebolla y nada de pepinillos… y ¡nada de carne! ¡Solamente había una rebanada de queso con una gota de salsa de tomate y mostaza! Tomé la hamburguesa número dos, ¡lo mismo! Revisé la hamburguesa número tres, ¡la misma cosa! Pero para ahora, el vapor silbaba en mis oídos y mis ojos me daban vueltas alrededor de mi cabeza como a la niña de *El Exorcista.* ¡Estaba listo para decirle a alguien que debían hacer con esas hamburguesas!

Llamé al restaurante y exigí: "¡Quiero al gerente! ¿Quién maneja este restaurante? ¡Quiero un nombre y un número de teléfono!" Las niñas estaban solidarias, diciéndome: "¡Dígales, papi! ¡Dígales, papi! ¡Usted dígaselos, Papi!" Pero a la mitad de esto, caí a la cuenta que yo había estado de pie en el púlpito esa tarde y ahora estaba a punto de maltratar a alguien. Talvez no iba a matar a nadie, como David, pero ¿no fue Jesús quien dijo: *"Ustedes han oído que se dijo a sus antepasados: 'No mates, y todo el que mate quedará sujeto al juicio del tribunal'. Pero yo les digo que todo el que se enoje con su hermano quedará sujeto al juicio del tribunal"?* (Mateo 5:21–22, NVI). ¡Uy!

A la vida de David, en el momento que él estaba por matar a Nabal, Dios envió una mujer con gran discernimiento en su vida. Siempre es bueno tener personas con discernimiento alrededor de usted. La sabiduría de Abigail no tenía nada que ver con su belleza, su educación o el hecho de que ella estaba casada con un hombre rico. Ella tenía discernimiento porque era temerosa de Dios y ella podía pensar con rapidez para calmar una situación explosiva en su hogar. Ella creía lo que Dios le había dicho a David—que en realidad él se convertiría en rey—por lo que ella se mantuvo firme en la Palabra de Dios para salvar a su familia. En este tiempo crítico y de transición en la vida de David, él necesitaba encontrar a una Abigail.

Siempre es bueno encontrar una Abigail, especialmente cuando estamos en transición. Cuando estamos tratando de levantar un pequeño negocio, pero no contamos con el préstamo. Cuando contamos con un aumento de salario, pero que todavía no lo recibimos. Cuando estamos buscando un empleo, pero no encontramos uno. Cuando nos hemos trasladado, pero todavía no vendemos la antigua casa. Cuando vamos tras un sueño, pero no podemos alcanzar la cima. Esos son momentos peligrosos, momentos difíciles. Momentos cuando necesitamos que una Abigail se cruce en nuestro camino.

Cuando Abigail oyó que David venía a destruir a su familia, ella no escatimó esfuerzo para impedir la crisis. En vez de eso, ella preparó cestas de alimento. Ella conocía la Palabra de Dios: "*La blanda respuesta quita la ira; más la palabra áspera hace subir el furor*" (Proverbios 15:1). Ella cuidadosamente calculó su tiempo y fue al encuentro con David. Cuando ella llegó, ella le sirvió una comida. Ella lo alimentó, lo calmó e hizo que se relajara.

Damas, ¿cómo trata usted con el temperamento de un hombre que está en transición? ¿Un hombre que parece que está lejos de su visión, que está frustrado, quebrantado y parece que ha perdido su sueño? ¿Cómo trata usted con un hombre cuando él no tiene suficiente dinero? La respuesta no está en el divorcio que le conceda la corte, ni en empacar sus maletas e irse a la casa de su madre. Usted necesita pedir a Dios que le dé discernimiento y una lengua sabia. El ser una verdadera mujer de Dios es poderle hablar con lengua sabia a un hombre en transición. Usted puede ser la restauradora del sueño de ese hombre.

La primera cosa que Abigail hizo cuando se encontró con David fue rendirle honor. Créame, él no se miraba como alguien digno de ser honrado. Aquí estaba un hombre que vivió en una cueva con seiscientos rechazados. Él no tenía posesiones a su nombre; todo lo que tenía era una promesa de Dios. Pero ella le rindió honor a ese hombre sucio, hediondo, colérico e irrazonable.

Y acontecerá que cuando Jehová haga con mi señor conforme a todo el bien que ha hablado de ti, y te establezca por príncipe sobre Israel. (1ra Samuel 25:30)

Al referirse a él como *"señor"*, ella reconocía que ella estaba en la presencia de un rey. David no lucía como un rey. Él no llevaba corona sobre su cabeza, sin embargo, Abigail dijo algo así: "Creo lo que Dios dijo acerca de ti". Ella estaba empleando la palabra de Dios para salvar a su familia y su futuro. Ella continuó usando la palabra y logró entrar en razón con David. Sus palabras lograron bajarle el mal humor. Le quitó la violencia. Le quitó la ira.

Muchas veces nosotros no queremos usar la promesa que Dios nos ha dado——Su Palabra. Nosotros queremos usar nuestro intelecto y juicio. Nosotros queremos usar la manipulación y el control. Por eso es que muchos matrimonios son infelices—no hay amor en el hogar.

Yo lo desafío a usted a que le pregunte a Dios lo que Él piensa de la persona con la que duerme. Pregúntele a Dios lo que Él piensa de su cónyuge. ¡Nos rendimos demasiado pronto! Usted puede ser tanto una persona de fe como Abigail, o una insensata como la esposa de Job, que aconsejaba a Job que maldijera a Dios y que se muriera (Véase Job 2:9).

La Palabra de Dios es incapaz de mentir. Por tanto, manténgase hablando de ella hasta que la Palabra se convierta en carne. Dama, recuerde llamar al rey que está en su esposo y el rey se levantará. Caballero, llame a la reina que está en su esposa, y la reina surgirá. David dijo: *"Bendito sea Jehová Dios de Israel, que te envió para que hoy me encontrases. Y bendito sea tu razonamiento, y bendita tú, que me has estorbado hoy de ir a derramar sangre, y a vengarme con mi propia mano"* (1ra Samuel 25:32–33).

Habrá ocasiones en su vida cuando usted se sentirá como dándose por vencido en el sueño que Dios le ha dado. Antes de que usted destruya su destino al hacer alguna cosa que pueda lamentar, Dios siempre enviará al Espíritu Santo, como envió a Abigail, para interceptarlo y recordarle de lo que Dios ha dicho de su futuro: *"Porque yo sé los pensamientos que tengo acerca de vosotros, dice Jehová, pensamientos de paz, y no de mal, para daros el fin que esperáis"* (Jeremías 29:11).

SIENDO LA VOZ DE DISCERNIMIENTO PARA OTROS

¿Hay alguien en su vida que está en transición? Como David, ¿están ellos en el lugar del medio donde ellos no parecen que van a llegar adonde están tratando de ir? Pida a Dios que le dé discernimiento y lengua sabia. Usted podría ser la voz de discernimiento, hablando la Palabra de Dios en el "momento de descuido" de ellos, deteniéndolos de que echen por la borda su destino. Cualquiera puede creer en sí mismo cuando está en la cima del mundo, pero aquellos con el don de discernimiento hablarán en el valle, llamando las cosas que todavía no son como si lo fueran. El creyente que discierne ve potencial en las personas cuando ellos no lo ven. Ore para que Dios le dé a usted la palabra correcta que debe hablar a aquellos en transición, para ayudarles a restaurar sus sueños.

> El creyente que discierne ve potencial en las personas cuando ellos no lo ven.

Nabal murió de muerte prematura tres semanas más tarde. David se convirtió en un gran rey. Posteriormente David se casó con Abigail. Al salvar el futuro de David, Abigail también aseguró su propio futuro.

Viendo en retrospectiva en mi ministerio, mi mente vuela a través de muchos años a dos o tres momentos críticos cuando irse parecía más fácil que quedarse. Durante un tiempo difícil en particular, yo estaba grandemente desanimado. La división estaba haciendo estragos en nuestra iglesia. Algunas personas se fueron, personas que yo pensaba nunca se irían. Parecía que los problemas seguían llegando, uno tras otro y después de otro. Me sentí como que todo por lo que yo había trabajado colgaba de un hilo. Esa fue la hora más oscura de mi pastorado.

Para empeorar la situación, un día mientras manejaba a casa, colisioné la parte trasera de un vehículo mientras obedecíamos una señal de alto. Aunque fue en el guardafango, me sentí como si yo no podía hacer nada bien. Tan pronto como llegué a mi casa, sonó el teléfono. Era la persona cuyo carro yo había colisionado. Su primera pregunta fue: "¿Es usted el señor que pastorea aquella iglesia grande?" Él me informó que, repentinamente, su cuello y espalda estaban lastimados. Una demanda legal parecía inminente. En ese momento, algo dentro de mí colapsó.

> Nunca subestime el poder que Dios ha colocado en usted para discernir a favor de los seres queridos.

Después de tratar con los problemas de la iglesia por meses, la paja que rompió el lomo del camello rompió el mío y empecé a llorar. Yo me consideraba ser una persona fuerte, "capaz". No me doy por vencido. Sin embargo, en ese momento, yo había llegado al final de mi fortaleza.

Nunca olvidaré como mi esposa discernió mi vulnerabilidad. En ese momento crítico, ella se hizo cargo de la situación. Ella tomó el teléfono inmediatamente y trató con la crisis, calmándola magistralmente. Ella me habló confiadamente acerca de mi futuro. Para cuando ella terminó de hablar conmigo, ya me sentía como que podía azotar a un grupo de leones.

Que extraño. Yo siempre había sido la persona que daba esperanza a las personas y que alentaba a otros con mi predicación. Pero esta vez, Dios quería animarme.

Yo sé sin lugar a dudas, que si no hubiera sentido la fortaleza de mi esposa en ese momento, que si ella no le hubiera hecho frente a la crisis y llegaba a ser la voz del discernimiento de Dios para mí acerca de mi futuro, yo habría dejado mi ministerio en derrota.

Nunca subestime el poder que Dios ha colocado en usted para discernir las etapas por las que están pasando sus seres queridos. No apague esa voz interior, pues ella pudiera ser la voz que restaure sus sueños.

Ahora, años más tarde, miles de personas asisten a *Free Chapel* (Capilla de Libertad). Tenemos un terreno de ciento cincuenta acres, un nuevo santuario bonito y programas de alcance que ganan a miles de almas. Todo comenzó aquella tarde con el discernimiento de mi esposa. Cuando yo reflexiono sobre el discernimiento y fortaleza que Cherise demostró ese día en mi momento de descuido, me siento como David cuando le dijo a Abigail: "Bendito sea el Dios de Israel que te envió para guardarme de pecar" (Véase 1ra Samuel 25:32–33).

El Espíritu Santo le hablará a usted cuando su familia necesite ser alentada. Su lengua puede edificar o destruir a sus seres queridos. El toque que el Espíritu Santo le da a usted acerca de ellos es por una razón. Ore y espere por el momento correcto en sus vidas cuando Dios abrirá la puerta para que usted les hable. El discernimiento le permitirá a usted saber cuándo retroceder y darles espacio, y, cuándo hablar con la verdad que le ha sido revelada a usted.

Si mi esposa me hubiera menospreciado ese día durante mi momento de descuido, le apuesto que no sé donde estuviera mi familia y ministerio ahora. Agradezco a Dios que había una Abigail en mi vida; ella tenía una voz de discernimiento para mí.

Capítulo nueve

DESENLLAVANDO EL DISCERNIMIENTO CON LA ORACIÓN

Y a ti te daré las llaves del reino de los cielos.
—Mateo 16:19

He aquí un precioso secreto que he aprendido: la oración invita a los ángeles a la zona de combarte de su experiencia.

En Hechos, el rey Herodes tomó prisionero al apóstol Pedro, custodiándolo con cuatro escuadras de soldados. Él estaba en desventaja, no obstante, ellos contaban con las oraciones de los creyentes. *"Así que, Pedro estaba custodiado en la cárcel; pero la iglesia hacía sin cesar oración a Dios por él"* (Hechos 12:5). ¿Cuál fue el resultado?

> *Y cuando Herodes le iba a sacar, aquella misma noche estaba Pedro durmiendo entre dos soldados, sujeto con dos cadenas, y los guardas delante de la puerta custodiaban la cárcel. Y he aquí que se presentó un ángel del Señor, y una*

luz resplandeció en la cárcel; y tocando a Pedro en el costado, le despertó, diciendo; levántate pronto. Y las cadenas se le cayeron de las manos. (versículos 6–7)

Cuando usted ora Dios envía ángeles.

Jesús oró en el huerto del Getsemaní y los ángeles vinieron a ministrarle (Véase Lucas 22:43).

Pablo oró en medio de la tormenta, en medio del océano, y, Dios envió un ángel para que estuviera con él (Véase Hechos 27:23).

Cuando usted ora Dios envía ángeles. No importa por lo que usted esté pasando, ellos están junto a usted. Si esto es verdad, entonces una de las tragedias más grandes de la falta de oración es la cantidad de ángeles desempleados esperando ser enviados por Dios. Los ángeles son atraídos al lugar de oración.

> Las personas más grandes de la tierra son aquellas que oran.

Allá por los años 1800s, Charles Haddon Spurgeon pastoreó en Londres, Inglaterra, la primera mega iglesia de diez mil miembros. Sus sermones fueron publicados y todavía inspiran a millones en la actualidad. Aunque usted, probablemente ha oído de Charles Spurgeon, dudo muchísimo que alguna vez haya oído de James Spurgeon. James era hermano de Charles y el administrador de sus negocios.

Cuando Charles Spurgeon tomaba el púlpito en el Tabernáculo Metropolitano, James se metía debajo del púlpito, en oración secreta. La clave de la poderosa predicación de Charles Spurgeon era la poderosa oración de su hermano. La oración construye una base de poder, permitiendo que usted haga lo que Dios le ordena hacer. Hemos visto el poder de la discordia destruir iglesias y hogares. Ha llegado el momento de ver que el poder de la concordia en la oración estimule a nuestras iglesias y hogares, al mismo tiempo que nos reavive personalmente.

Las personas más grandes de la tierra son las personas que oran. No me refiero a personas que hablan de la oración, ni a personas que creen en la oración; ni aun a aquellos que pueden explicar la oración bellamente. Me refiero a las personas que pasan horas sobre sus rodillas, orando. Estas personas no son bendecidas necesariamente con horas extras para orar—ellos hacen el tiempo, tomándolo de las cosas menos importantes. Coloque a la oración primero y a su itinerario en segundo lugar. La oración de fe prevaleciente es el poder sobre la tierra que usa el poder del cielo. Cualquier cosa que usted haga después de eso es propiamente el resultado de la oración conjunta.

La oración le ha devuelto el oído a los sordos, vista a los ciegos, vida a los muertos, salvación a los perdidos y sanidad a los enfermos. La oración prevaleciente debería ser el asunto principal de nuestros días.

¡Todos los días debemos orar!

Si la oración es algo, la oración lo es todo. Si la iglesia no quiere orar, Dios no actuará. Porque Jesús dijo: *"Y a ti te daré las llaves del reino de los cielos"* (Mateo 16:19).

La oración prevaleciente

¿Qué es la oración prevaleciente? No es la oración en el foso de la zorra—o sea, orar solamente cuando se está en crisis. No es una oración desganada y tibia antes de dormir. La oración prevaleciente es la que lucha contra principados y potestades. Pablo dijo: *"Exhorto ante todo, a que se hagan rogativas, oraciones, peticiones y acciones gracias, por todos los hombres"* (1ra Timoteo 2:1). Es la oración prolongada, la oración de ayuno, la oración de lamento, la oración eficaz y la oración ferviente de los justos la que puede mucho (Véase Santiago 5:16).

El poder de la oración prevaleciente está claro en el relato de Santiago acerca del profeta Elías influyendo con sus oraciones en el clima. *"Elías era hombre sujeto a pasiones semejantes a las nuestras, y oró fervientemente para que no lloviese, y no llovió sobre la tierra por tres años y seis meses. Y otra vez oró, y el cielo dio lluvia, y la tierra produjo su fruto"* (Santiago 5:17–18) (Véase también 1ra Reyes 17).

La oración prevaleciente es Ester ayunando por tres días y salvando a su nación de los enemigos de los judíos, logrando que los enemigos fueran derrotados (Véase Ester 4:16). ¡Esa es una oración prevaleciente!

La oración prevaleciente es Agar intercediendo ante Jehová: *"No veré cuando el muchacho* [Ismael] *muera"* (Génesis 21:16). Dios oyó su oración y bendijo a Ismael por causa de la oración prevaleciente de una madre.

La oración prevaleciente es Rizpa, una concubina que tuvo dos hijos con el rey Saúl. David dio los dos muchachos a los gabaonitas para enmendar el tratamiento de Saúl con ellos. Posteriormente los dos muchachos fueron colgados por el cuello hasta que murieron. Más tarde, los restos de los muchachos no fueron cortados, pero fueron dejados para ser devorados por las bestias. Rizpa, su madre, no quedó satisfecha con eso. Por lo que, tomó un poco de tela y la esparció sobre un peñasco. Durante cinco meses, ella se sentó allí en vigilia con nada más que los huesos de sus muchachos. Ella acostumbraba adornarse con seda en la corte del rey, pero ahora, después de meses de sentarse sobre una roca peleando por lo que había quedado de su familia, estoy seguro que estaba con una mirada furiosa y ojerosa, como una leona cuidando sus cachorros. Ella no los abandonó ni por el viento, la lluvia, el frío o el sol, ni aun por los ataques de las fieras y los buitres. Ella no se daría por vencida con sus hijos hasta que ellos fueran descolgados y soltados (Véase 2ᵈᵃ Samuel 21:10–14).

Finalmente, la palabra llegó al rey David de lo que ella estaba haciendo. Él ordenó sepultar a los muchachos con Saúl en tumbas que pertenecían a los reyes. Las Escrituras nos dicen: *"E hicieron todo lo que el rey había dicho. Y Dios fue propicio a la tierra después de esto"* (versículo 14). Debido a la oración prevaleciente de Rizpa, un rey fue conmovido, sus hijos fueron honrados con sepulturas en la tumba de los reyes, y, Dios oyó sus oraciones.

> La oración prevaleciente tiene la tenacidad de mantenerse firme hasta que algo suceda.

La oración prevaleciente tiene la tenacidad de mantenerse hasta que algo suceda. Una de las grandes debilidades de esta generación es su falta de compromiso para el largo trayecto. El animal más rápido sobre la tierra es el Chita africano. Se le ha medido la velocidad en setenta millas por hora. Sin embargo, Chita tiene un problema: tiene corazón pequeño, por lo que se cansa rápido. Si no caza su presa rápidamente, al final no lo hará. Algunas personas se parecen a la Chita para orar. A ellos les falta corazón para mantener el esfuerzo en todo el trayecto. ¿Por qué tener un corazón de Chita cuando Dios quiere que usted tenga un corazón de águila? Isaías 40:31, dice: *"Pero los que esperan en Jehová tendrán nuevas fuerzas; levantarán alas como las águilas; correrán, y no se cansarán; caminarán, y no se fatigarán".*

El poder de la oración eficaz

¿Por qué los cristianos con frecuencia descuidan la oración? Creo que no entendemos el efecto que tienen nuestras oraciones en el reino espiritual. Un día mientras leía Apocalipsis, algunos versículos me parecieron que saltaban de la página:

Copas de oro llenas de incienso, que son las oraciones de los santos, (Apocalipsis 5:8)

Subió a la presencia de Dios el humo del incienso con las oraciones de los santos... Y el ángel tomó el incensario, y lo llenó del fuego del altar, y lo arrojó a la tierra.
(Apocalipsis 8:45)

¡Qué imágenes tan maravillosas! Cuando ora, usted está llenando las copas del cielo. En el tiempo perfecto de Dios, sus oraciones son mezcladas con el fuego de Dios (Su poder) y lanzadas a la tierra para cambiar su situación. Sus oraciones no sólo llegan hasta el techo; ¡ellas suben como incienso hasta el trono de Dios!

Incluso cuando usted siente como que nada está pasando en el mundo natural, cuando ora, usted está llenando las copas de oración en el reino espiritual. Cuando todas ellas están llenas, ¡se ladearán y derramarán las respuestas a sus oraciones!

UNA GENERACIÓN EN PELIGRO

Yo creo que Dios está listo para derramar la copa de oración sobre esta generación. En la actualidad, en esta nación, uno de cada tres bebés es abortado. ¿Por qué el diablo trata de que en esta generación no nazcan niños? Yo creo que es porque Dios tiene algo en mente para esta generación y el diablo lo sabe. La primera generación que Satanás trató de evitar que nacieran, fue la generación de Moisés. Faraón decretó que todos los niños varones menores de dos años fueron liquidados. La generación de Moisés fue una generación de liberación.

La segunda generación que Satanás trató de eliminar fue la generación de Jesús. El rey Herodes decretó que todos los niños, menores de dos años, fueran asesinados. Esta fue otra generación de liberación.

Ahora, Satanás ha dirigido su reclamo a una tercera generación—la generación suya. La razón por la que hay tal ataque a esta generación por medio del aborto ¡es porque usted está destinado a ser una generación de liberación! No importa qué clase de infierno por lo que usted esté pasando, usted debe prevalecer en oración hasta que se vierta la copa en el cielo.

> La oración y el discernimiento van de la mano.

Hace algún tiempo, leí la historia real de un piloto en un pequeño avión, él notó la luz de advertencia indicando una puerta abierta en el avión. Él se levantó para ir a revisarla y justo mientras lo hacía, la puerta se abrió succionándolo fuera del avión.

El copiloto llamó a la torre: "¡Estoy regresando. El piloto fue succionado del avión! Envíen helicópteros de rescate para buscar su cuerpo". Lo que el copiloto no sabía es que cuando la puerta voló y haló al piloto, la escalera de emergencia se abrió—y colgando de ella estaba el piloto.

En quince minutos, el copiloto aterrizó el avión, sin darse cuenta que la cabeza del piloto estaba a sólo tres pulgadas del concreto. Cuando los espectadores se dieron cuenta de lo que estaba pasando corrieron a la pista para ayudar al piloto. Tuvieron que tirar con fuerza de sus dedos para que soltara un dedo a la vez.

¿Sabe usted cómo se le llama a eso? ¡Perseverancia! ¡Asirse

de algo! La oración prevaleciente es asirse de algo hasta que usted llene las copas de oración.

La oración y el discernimiento van de la mano. Dios necesita de hombres y mujeres que se coloquen en la brecha y se conviertan en guerreros de oración prevaleciente. En 1ra Timoteo, Pablo le rogaba a la iglesia: *"Quiero, pues, que los hombres oren en todo lugar, levantando manos santas, sin ira ni contienda"* (1ra Timoteo 2:8). En Hechos, Pablo tuvo una visión de un hombre que le decía: "Pasa a Macedonia". Cuando Pablo llegó allí, no encontró a un hombre, en vez de eso, encontró a un grupo de mujeres orando junto al río (Véase Hechos 16:13). Por causa de las oraciones de estas mujeres en Macedonia, Pablo cambió su dirección. Si esas mujeres no hubieran estado orando, Pablo no hubiera ido al oeste, sino al este, rumbo a Asia.

Oración, discernimiento y servicio son la base en que se construye la iglesia. La oración ha sido el frente de cada gran avivamiento que ha tenido lugar en la tierra.

LA ORACIÓN: UNA INSACIABLE HAMBRE POR UN CAMBIO

Proverbios 30:15–16, dice:

La sanguijuela tiene dos hijas que solo dicen: Dame, dame. Tres cosas hay que nunca se sacia; aun la cuarta que nunca dice ¡Basta!: El Seol, la matriz estéril, la tierra que no se sacia de agua, y el fuego, que jamás dice: ¡Basta!

Sanguijuela es una extraña palabra que fue usada una sola vez en toda la Biblia. Una sanguijuela chupa la sangre, es una cosa avarienta que tiene un asombroso apetito. Nunca se sacia. Este texto dice que la sanguijuela tiene dos hermanas que gritan: *"Dame, dame"*. El doble anuncio es importante. Este pasaje está diciendo que hay cuatro cosas que nunca quedan satisfechas:

1. El sepulcro

Si usted visita el Cementerio Nacional de Arlington en Washington, D.C., verá cruces blancas hasta donde la vista puede alcanzar. Miles y miles de soldados han muerto y todavía el sepulcro está hambriento. Los alcanza con sus dientes de grama, agarra a los hombres por los tobillos y los empuja hacia abajo. El sepulcro nunca está satisfecho. No respeta viejos, jóvenes, hombres o mujeres. Siempre se mantiene gritando: "¡Dame, dame!"

2. La tierra que no se llena con agua

El océano se alimenta de poderosos ríos como el Mississippi, el Niágara, el Nilo y el Amazonas. Sin embargo, con todas las aguas fluyendo de todas partes del mundo, los océanos nunca cubren la tierra. El agua cae del cielo y surge de la tierra. Las inundaciones y los ríos desbaratan sus bancos, pero el océano debe llenarse con agua. Se mantiene gritando: "¡Dame, dame!"

3. El fuego

Piense en los grandes incendios de la historia. El gran incendio de Chicago, el incendio de San Francisco en 1906, o el gran incendio de Londres. El fuego consumió negocios, hoteles y hogares. Sin embargo, nunca quedó satisfecho. Mientras más se le ponga en el camino, más toma. Es una sanguijuela. Se mantiene gritando: "¡Dame, dame!"

4. La matriz estéril

¿Cómo puede el escritor de Proverbios comparar la matriz estéril con el fuego que nunca se satisface, con el océano que nunca se llena o con el sepulcro que nunca dice basta? ¿Qué está diciendo Dios? La gran lección contenida aquí es esta: Dios no es conmovido por sugerencias amables, ni es conmovido por personas pasivas. Dios no es sacudido porque nosotros

116

decimos una oración rápida y pequeña. En la historia de la Biblia, todos los milagros obrados por Dios fueron el resultado de un hambre insaciable, incesante, enorme por un cambio.

Así como el océano sediento absorbe los ríos y no queda satisfecho, así como el hambre del fuego se devora todo lo que alcanza y aun busca por combustible, así como la sepultura se traga millones y todavía grita diariamente por más, tan insistente como la matriz de la estéril para que Dios le dé sus hijos o ella muere—así es como nosotros debemos desear ver las promesas de Dios cumplidas. ¿Cómo haremos nacer la voluntad de Dios en la tierra? Debemos afanarnos en la oración. La palabra *afán* expresa el doloroso y arduo trabajo de dar a luz un bebé. Ningún hombre conoce esa palabra en el mismo nivel que una mujer. Quizás por eso es que las mujeres son poderosas en la oración.

> Las obras milagrosas de Dios fueron el resultado de una insaciable hambre por un cambio.

Así como el océano desea el agua, así como el fuego consume el combustible, así como el sepulcro está hambriento de huesos, así mismo el pueblo Dios debe anhelar un mover de Dios que traiga almas y avivamiento. Cuando Dios está listo para dar a luz una promesa, Él busca el alma estéril que clame: "¡Dame, dame!"

En Génesis, Raquel era el verdadero amor de Jacob. Desafortunadamente, Raquel era estéril y tenía que esperar y aguardar que Jacob le diera hijos de sus otras esposas. Finalmente, el hambre de la matriz de esta mujer no aguantó más y le suplicó a Jacob y a Dios: *"Dame hijos, o si no, me muero"* (Génesis 30:1). Con el tiempo, después de mucho tratar: *"Se acordó Dios de Raquel, y la oyó Dios, y le concedió hijos"* (versículo

22). Ella dio a luz a José. Años más tarde, Raquel concibió un segundo hijo, Benjamín.

¿A quién se le dará avivamiento? Se les dará a las personas que están hambrientas como el sepulcro, como el río sediento, y, como el voraz fuego. Este llega a la congregación que nunca deja de clamar: "¡Dame, dame!" La oración prevaleciente es Raquel orando: "¡Dame hijos, o si no, me muero!" Oh, cuánto necesitamos hombres y mujeres de oración nuevamente en la iglesia.

> Los apóstoles sabían que el ministerio sin oración era un ministerio sin poder.

En los primeros días de la iglesia cristiana, la explosión de creyentes amenazaba con derribarla. En lo natural, ellos no podían suplir todas las necesidades de los hambrientos. Por lo que los discípulos llamaron a una asamblea:

Entonces los doce convocaron a la multitud de los discípulos, y dijeron: No es justo que nosotros dejemos la palabra de Dios, para servir a las mesas. Buscad, pues, hermanos, de entre vosotros a siete varones de buen testimonio, llenos del Espíritu Santo y de sabiduría, a quienes encarguemos de este trabajo. Y nosotros persistiremos en la oración y en el ministerio de la palabra. (Hechos 6:2–4)

Los apóstoles se hallaban divididos entre la obra del ministerio y pasar tiempo en oración. Pero ellos también sabían que si no se daban por vencidos en la oración, no tendrían que escoger entre las dos—ellos debían tener las dos. Ellos sabían que el ministerio sin oración era un ministerio sin poder e ineficaz. Pero se requería más que oración ocasional. Ellos conocían los riesgos. Ellos sabían que necesitaban dedicarse *"continuamente en oración"*.

En Lucas 18, vemos el poder de la oración persistente. Algunas veces usted solamente tiene que seguir pidiendo. En la parábola de Jesús, una viuda se apareció repetidamente ante un juez, pero su petición caía en oídos sordos. Ella no se desanimó; ella no se rindió. Usted debe ser persistente. Finalmente, la mujer persistió tanto, que el juez dijo: "Yo no hago esto generalmente, y tampoco en circunstancias normales lo haría. Pero voy a hacer algo por esta mujer o ella agotará mi paciencia" (Vea Lucas 18:1–5). Usted debe convertirse en "peste espiritual". Cada vez que mire hacia Dios, deje que Él lo vea a usted ante Él.

Usted tiene que desearlo mucho para decirle a Dios, "Te voy a agotar la paciencia. Me voy a mantener orando hasta que Tú salves a mis hijos, hasta que Tú bendigas a mi familia. Me voy a mantener delante de Ti. Jesús, voy a ser una peste espiritual y voy a agotar Tu paciencia. No voy a colapsar. Voy tener una victoria".

No hace mucho, un amigo mío llamado Tommy Tenney, autor de *The God Chasers*, me presentó a una gran mujer de Dios. Ella tiene reputación de una verdadera guerrera de oración. Ella y su esposo comenzaron una iglesia en Alexandría, Louisiana, donde establecieron una reunión de oración que nunca paraba. Por más de treinta años, veinticuatro horas al día, alguien había estado orando en esa iglesia.

Su hijo ahora es el pastor de esta gran iglesia donde asisten miles. Al inicio, ella le hizo una promesa a Dios con relación a su hijo. Ella hizo voto a Dios que oraría y ayunaría desde el nacimiento del niño todos los días de su vida, desde la salida del sol hasta la puesta del mismo. Por más de cincuenta años, desde el nacimiento del hijo, ella ha ido a la iglesia desde tempranas horas del día para encerrarse en el templo y orar todo el día por su hijo, sin tomar alimento. Como resultado, él ha llegado a ser un gran hombre de Dios.

Cuando el anterior presidente, Bill Clinton, se encontró por primera vez con el hijo de esta señora, siendo aun gobernador de Arkansas, quedó tan impresionado con este ministro que, aun después de llegar a ser presidente, con frecuencia volaba al pueblo sólo para asistir a su iglesia para servicios especiales. Clinton invitó al hijo de esta señora a la Casa Blanca varias veces para que le ministrara, especialmente durante tiempos turbulentos.

Por más de cincuenta años, esa madre de cabellos plateados ha ayunado y orado todo el día por su hijo desde que nació. Su persistencia movió a su hijo desde una pequeña y oscura ciudad de Alexandría, Louisiana, a la oficina más poderosa del mundo.

Dios no está buscando su habilidad. Él busca su disponibilidad. Usted forma parte de un ejército que Dios está levantando para aplastarle el cráneo al enemigo. He oído a Dios decir: "Has que Mi pueblo ore de nuevo. Voy a usarlos en la batalla final".

Capítulo diez

LA MUJER QUE USA EL DISCERNIMIENTO SIEMPRE HACE LA DIFERENCIA

El Señor daba la palabra; había grande multitud
de las que llevaban buenas nuevas.
—Salmo 68:11

Uno de los grandes temores de Satanás es que las mujeres se den cuenta quiénes realmente son ellas y qué papel tan importante juegan en la derrota final. La verdad es que, Satanás tiene miedo de las mujeres porque ellas son el arma secreta de Dios para la batalla final.

¿Por qué Dios usará a las mujeres? Creo que la respuesta es sencilla: el asalto de apertura de la batalla fue entre el diablo y una mujer (Eva). Consecuentemente, es lógico creer que el último asalto de esta importante embestida final también incluya a las mujeres.

El versículo anterior describe a un ejército en marcha proclamando el Evangelio. El registro bíblico muestra que las mujeres no han sido relegadas a simples soldados en el ejército de Dios. Ellas han sido escogidas como elementos claves para

121

la transformación del mundo. Cuán fascinante es eso que aun en la cultura judía dominada por los hombres, Dios hizo prioridad el incluir a varias mujeres que tenían discernimiento como figuras claves de la historia.

Mujeres de las escrituras que usaron discernimiento: Débora

En Jueces, los hombres de Israel vacilaban cuando recibían instrucciones de Dios. Débora, una profetisa, discernió la instrucción de Dios y decidió hacer una diferencia:

> *Y ella* [Débora] *envió a llamar a Barac, hijo de Abinoam, de Cedes de Neftalí, y le dijo: ¿No te ha mandado Jehová Dios de Israel, diciendo: Ve, junta a tu gente en el monte de Tabor, y toma contigo diez mil hombres de la tribu de Neftalí y de la tribu de Zabulón; y yo atraeré hacia ti al arroyo de Cisón a Sísara, capitán del ejército de Jabín, con sus carros y su ejército, y lo entregaré en tus manos? Barac le respondió: Si tú fueras conmigo, yo iré; pero si no fueres conmigo, no iré. Ella dijo: Iré contigo, más no será tuya la gloria de la jornada que emprendes, porque en mano de mujer venderá Jehová a Sísara. Y levantándose Débora, fue con Barac a Cedes.* (Jueces 4:6–9)

Dos cosas mayores se le oponían a Débora ese día. Primero, ella era una mujer entre una sociedad dominada por los hombres. Segundo, ella no tenía espada para pelear. No obstante Débora se involucró y Dios trajo el ejército hacia ella.

Si usted decide hacer la diferencia, entonces Dios *hará* la diferencia. Usted debe creer en usted mismo, porque Dios cree en usted. Puede que usted se sienta inadecuado para completar la tarea, eso está bien. Recuerde, el envolvimiento sobrenatural de Dios requiere fe.

Débora se levantó para dirigir al pueblo de Dios a la victoria sobre Sísara, el malvado capitán del ejército cananita, quien fue reducido a correr para salvar su vida. Él escapó escondiéndose en la tienda de una mujer, pensando que esa ama de casa común no era amenaza alguna. Pero mientras él dormía, esta mujer común llamada Jael tomó una estaca de la tienda y se la hundió en la sien, matándolo (Véase Jueces 4:17–21). Piense en lo sorprendente que debió haber sido oír las noticias que Sísara, el poderoso guerrero, había sido asesinado con la estaca de la tienda de una ama de casa.

Usted puede hacer la diferencia. Dios quiere levantar un ejército de amas de casa para proclamar Sus buenas nuevas y derrotar a todos Sus enemigos que vienen contra la familia y la iglesia.

En Génesis 33, cuando Jacob se enfrentó a su hermano Esaú, después de haberle robado la bendición, él tuvo miedo por su vida. Esaú y cuatrocientos de sus soldados estaban acercándose con fuego en sus ojos. ¿Qué hizo Jacob? Puso a las mujeres al frente y él escondido detrás de ellas. Cuando Esaú vio a las mujeres, se quebrantó y empezó a llorar (Véase Génesis 33:1–7). La presencia de las mujeres en la línea del frente alteró el espíritu del enemigo.

O considere lo que relata el Nuevo Testamento acerca de la resurrección:

Cuando pasó el día de reposo, María Magdalena, María la madre de Jacobo y Salomé, compraron especias aromáticas para ir a ungirle. Y muy de mañana, el primer día de la semana, vinieron al sepulcro, ya salido el sol…. Habiendo, pues, resucitado Jesús por la mañana, el primer día de la semana, apareció primeramente a María Magdalena, de quien había echado siete demonios. Yendo ella, lo hizo saber a los que habían estado con Él, que estaban tristes y llorando. Ellos, cuando oyeron que vivía, y que había sido visto por ella, no lo creyeron. (Marcos 16:1–2, 9–11)

Aquí estaba el momento más grande en la historia del mundo, y, el único testigo fue una mujer. Esto, para mí, es la prueba irrefutable que las Escrituras provienen de Dios y no de los hombres. En la cultura judía, las mujeres tenían pocos derechos. Ellas no podían enseñar o aun recibir educación. Por esta razón, a ellas no se les permitía testificar en asuntos legales. Sus voces no significaban nada. Si se les hubiera dejado a los hombres judíos inventar las Escrituras, ellos jamás hubieran permitido que una mujer fuera testigo de la resurrección de Jesús. Pero Dios sabía que sólo el discernimiento de una mujer sería capaz de ver y creer eso, ¡contrario a las circunstancias aparentes, Jesús estaba vivo!

> El mensaje de las Escrituras es que hay debilidad en la fortaleza y fortaleza en la debilidad.

¿Quién? ¿Yo?

No se avergüence cuando Dios llame a su número, su primera respuesta es: "¿Quién? ¿Yo?" Si usted nunca ha dicho estas palabras, entonces sospecho que Dios nunca ha hablado con usted. Cuando respondemos a Dios, diciendo: "No soy capaz de eso", Dios le contesta: "Bien, que bueno. Ahora que hemos aclarado eso, ¿está usted listo?"

Dios nunca es atraído a los que están llenos; Él solamente es atraído por los que están vacíos. De hecho, más creyentes fallan por causa de sus fuerzas que por sus debilidades. El mensaje irónico de las Escrituras es que hay debilidad en la fortaleza y fortaleza en la debilidad (Véase 2da Corintios 12:9–10).

La debilidad de la fortaleza se encuentra en la historia del rey Uzías. Él tenía dieciséis años cuando comenzó a reinar. Mientras tanto buscaba a Jehová, Dios lo hacía prosperar. Su fama se extendió por todas partes. Luego venimos a una frase interesante: *"Más cuando ya era fuerte, su corazón se enalteció para su ruina"* (2ᵈᵃ Crónicas 26:16). Una noción equivocada en el cristianismo es que Dios está buscando personas fuertes. ¡Error! Dios está buscando personas débiles cuyas fuerzas provengan de Él.

La fortaleza del débil siempre viene del quebrantamiento. Pablo fue apedreado y dejado por muerto, una cantidad de huesos rotos. Internamente él estaba quebrantado. Estaba lastimado emocional, mental y físicamente. Pablo estaba quebrantado, pero, ¡oh, la fortaleza de la debilidad! Cuando se responde apropiadamente, la debilidad siempre lleva a una bendición gradual. La respuesta de Dios a Pablo fue: *"Bástate mi gracia; porque mi poder se perfecciona en la debilidad"* (2ᵈᵃ Corintios 12:9).

¿Cuándo es suficiente la gracia de Dios para ayudarlo a usted? Cuando usted mira a su rededor y no ha quedado nada sino la gracia de Dios. Siempre que algo quede, nosotros tenemos la tendencia a poner nuestra confianza en ello.

La respuesta de Pablo a Dios, fue: *"Por tanto, de buena gana me gloriaré más bien en mis debilidades, para que repose sobre mí el poder de Cristo"* (versículo 9). Deje de fijarse en sus debilidades y comience a concentrase en Su fortaleza.

El ejército de Dios conformado por mujeres quebrantadas

Dios está movilizando y equipando a un ejército de mujeres para edificar Su iglesia y completar Su obra en estos últimos días. Líderes y ministros por todo el país están patrocinando las conferencias de mujeres. El obispo T. D. Jakes, en la clase del domingo por la mañana, comenzó enseñando: "Mujer, tú estás desatada". Más tarde, se convirtió en el libro de mayor venta y éxito en el cine. Actualmente, sus conferencias "Mujer, tú estás desatada", atrae a más de cincuenta mil mujeres.

Podría sorprenderse al saber qué clase de mujeres Dios va a usar en este ejército de los últimos tiempos. En la genealogía de Jesús se mencionan sólo cuatro muje-res.

> Si Él lo trajo hasta aquí, Dios puede sacarlo de donde está y llevarlo al lugar donde usted debe estar.

Fueron cuatro de las "malas muchachas" del Antiguo testa-mento—Rahab, era ramera; Rut era pagana y viuda desterrada, sin derecho a volverse a casar con un israelita, Betsabé era una adúltera, y, Tamar fue la viuda que sedujo a su suegro (Véase Mateo 1:3,5–6). ¡De seguro parece que Dios podía haber encontrado mejores mujeres para formar el árbol familiar de Jesús!

Yo creo que deliberadamente Dios eligió a estas cuatro mujeres porque Él estaba tratando de enseñarnos acerca del poder de redención. Después de todo, si mujeres con esa clase de pasado podían ser parte de la familia física de Jesucristo; entonces, la familia espiritual de Cristo, que es la Iglesia, talvez pueda incluir también a mujeres con pasados vergonzosos, ahora limpiadas por medio de la sangre de Jesucristo.

Puede que usted no sea todo lo que debe ser, pero, gracias a Dios, usted no es lo que solía ser. Si Dios pudo sacarlo de donde estaba usted y llevarlo hasta donde está ahora, entonces ¡Él puede tomarlo de donde está ahora y llevarlo hasta donde a usted le corresponde estar! No permita que su pasado lo per-siga. Pablo, quien tenía un historial de asesinatos, nos dijo: "*Una cosa hago: olvidando ciertamente lo que queda atrás, y extendiéndome a lo que está delante"* (Filipenses 3:13). No importa cuál sea su pasado, usted todavía puede alcanzar el futuro. Por medio del profeta Isaías Dios dijo: *"No os acordéis de las cosas pasadas, ni traigáis a memoria las cosas antiguas. He aquí que yo hago cosa nueva; pronto saldrá a luz; ¿no la conoceréis? Otra vez abriré camino en el desierto, y ríos en la soledad"* (Isaías 43:18–19).

LIBERÁNDOSE DE USTED MISMO

Usted realmente puede hacer la diferencia. Pero para convertirse en una mujer con discernimiento en el ejército de Dios, usted necesita liberarse de las ataduras de compasión de sí misma, aversión de sí misma y baja auto-estima. Muchas de las cosas que suceden en nuestra vida pueden atarnos con cadenas que nos mantienen alejados de ser lo que Dios nos ha llamado a ser. Nuestra respuesta puede ser tener lástima de nosotros mismos. Somos llamados a caminar por el valle, no a quedarnos en él.

Existen cuatro pasos para ser libres:

1. *Rastréelo.*

¿Cuándo comenzó? ¿Qué eventos o actitudes de su pasado han contribuido a su estado actual? Es tiempo de cortarlo. Córtelo desde la raíz si usted quiere deshacerse del fruto. *"Y ya también el hacha está puesta a la raíz de los árboles; por tanto, todo árbol que no da buen fruto se corta y se echa en el fuego"* (Lucas 3:9).

2. *Enfréntelo.*

Admita ante Dios y las personas a las que le tiene confianza que usted tiene un problema. Simplemente diga: "Necesito ayuda, Señor. Estoy luchando con esto". Cualquier cosa que haya estado oculta necesita traerla a la luz del día.

3. Bórrelo.

Déjelo ir. *"Si confesamos nuestros pecados, Él fiel y justo para perdonar nuestros pecados, y limpiarnos de toda maldad"* (1ra Juan 1:9). Borre todos los pecados y ofensas por medio de la sangre de Jesucristo.

4. Reemplácelo.

Permita que el Espíritu Santo llene ese vacío. Efesios 5:18, dice: *"Sed llenos del Espíritu"*. Renueve su mente en la Palabra. Piense los pensamientos de Dios y pídale a Dios un nuevo bautismo de gozo. Isaías 61:3 nos enseña a poner *"manto de alegría en lugar del espíritu angustioso"*.

Recuerde que Dios siempre permitirá un poco de crisis para que nos mantengamos dependientes. El Señor también calmará su tempestad o le dará calma mientras pasa la tormenta. Dios vuelve cada calvario en una pascua, toda media noche en mediodía, cada sollozo en suspiro. Jesús nunca lo dejará que se ahogue en sus propias lágrimas. Él no permitirá que el dolor destruya su mente. Él recogerá cada lágrima en Su recipiente eterno. *"Mis heridas tú has contado; pon mis lágrimas en tu redoma"* (Salmos 56:8).

En este momento, hay mujeres que están leyendo estas palabras que necesitan ser libertadas de las ataduras de sentir lástima de sí mismas. Usted es una hija de Dios, llena del Espíritu Santo. Su nombre está en el libro de la vida. El problema más grande en su vida—el problema del pecado—ha sido pagado. Sus pecados están bajo la sangre de Jesús.

Diga esto en alta voz, ahora mismo:

Se acabó el sentir lástima de mí mismo.
Dios quiere que yo sea victorioso, no una victima;
Que suba, no que me hunda;
Que sea vencedor, no derrotado.

Nada fuera de nosotros puede causarnos depresión; sin embargo, nuestras respuestas no bíblicas a las cosas, sí pueden.

En el nombre de Jesús, yo lo declaro a usted libre de las ataduras de sentir lástima de usted mismo.

LIBERÁNDOSE DE SU PASADO

Ezequiel 18:2, dice: *"¿Qué pensáis vosotros, los que usáis este refrán sobre la tierra de Israel, que dice; los padres comieron las uvas agrias, y los dientes de los hijos tienen la dentera?"*

Este texto se refiere al pecado de los padres que afectan a los hijos. Las uvas agrias pueden ser un padre o madre abusivos. Talvez sus padres no sabían cómo demostrar amor. Quizás ellos estuvieron ausentes o nunca estuvieron accesibles a usted. Talvez usted jamás pudo hacer bien las cosas, como ellos querían. Posiblemente usted nunca recibió ningún afecto o afirmación. Las uvas agrias pueden ser el alcoholismo, la adicción a las drogas, la ira, el negativismo o la depresión. Estas son algunas de las manera que los padres comen uvas agrias que afectan a sus hijos. Una buena razón para sentir lástima de sí mismo ¿correcto?

¡Incorrecto! Mire el siguiente versículo:

"Vivo yo, dice Jehová el Señor, que nunca más tendréis por qué usar este refrán en Israel" (Ezequiel 18:3).

¡Buenas noticias! No importa quien sea su padre o madre, no importa cuáles eran sus problemas. Si Jesús vive en usted, entonces la conducta de sus padres ya no tiene que ser una mancha en usted. Jesús rompió la maldición.

No importa que sus padres hayan comido uvas agrias, no importa lo que ellos hicieron incorrectamente, eso no tiene por qué destruir su gozo. Usted no tiene por qué ser rehén de lo que ellos le hicieron a usted o no hicieron por usted. Muchísimas personas están tratando con casos con raíces en incidentes pasados de rechazos profundos, vergüenza sexual, necesidad de aprobación, nunca sentirse lo suficientemente adecuado o falta de auto-estima.

> La vida no le ha hecho nada a usted que Dios no pueda usarlo para bien, si usted se pone en Sus manos.

No importa cómo se comportaron sus padres, por medio de Cristo, el dolor se detiene—la progresión del pecado en la línea familiar se rompe. Para la persona que conoce la soberanía del Señor en su vida, este proverbio de las uvas agrias está derrotado. Buda y Mahoma no pueden romper la maldición familiar. Ninguno de ellos está vivo. ¡Nuestro soberano Señor, sí está vivo! En el nombre de Jesús yo lo desato a usted de la atadura de la maldición familiar y del pecado.

La tarea que Dios tiene para usted es demasiado grande como para ser saboteada por el pasado. La depresión y la falta de auto-estima son ilegales en su vida. La vida no le ha hecho nada a usted que Dios no pueda usarlo para bien, si usted se pone en Sus manos. Dios puede volver su dolor en propósito. Es tiempo de hacer la diferencia.

El secreto para la transformación de la vida

Usted es ya un triunfador ante los ojos de Dios. ¿Qué es un triunfo? No caiga en la falsa definición que el mundo le da al triunfo: fama y fortuna. El verdadero triunfo es conocer su valor ante los ojos de Dios y usar sus dones apropiadamente. Usted puede estar pensando: *Pero usted no sabe en qué he fallado.* Como dijo una vez Edwin Cole: "Usted no se ahoga por tirarse al agua; usted se ahoga si se queda en ella".

El libro de Romanos nos dice que la renovación de la mente es el secreto para la transformación (Véase Romanos 12:2). Lo que usted ve y cree en su mente, lo vivirá. Crea que usted es un triunfador. Véase usted mismo haciendo la diferencia. Si sabe quién es usted, y conoce a Aquel que lo llamó, usted estará en capacidad de soportar cualquier cosa. *"El cual por el gozo puesto delante de Él sufrió la cruz"* (Hebreos 12:2). Jesús fijó Su mente en la victoria mientras sufría la crucifixión.

Mi suegra Pat, es sobreviviente de cáncer de seno. Mi esposa y yo nunca olvidaremos cuando escuchamos la noticia. *Cáncer* es una palabra devastadora, especialmente cuando está ligado a alguien que usted ama. Después de unas cuantas lágrimas y una cantidad de oraciones, Pat comenzó a luchar de nuevo. Ella se negó a darse por vencida. Aunque los doctores recomendaron cirugía de mastectomía radical, ella se decidió por una ruta alterna, una dieta estricta y un refuerzo vitamínico.

Sentí el llamado de Dios de ayunar tres días por su sanidad. Al tercer día, Dios me dio una palabra de ánimo para ella: "Vivirás para los hijos de tus hijos". ¡Pat ha estado libre de cáncer por más de catorce años! Después de atravesar por esa tormenta, cada día es como un regalo. Hoy, ella ha vuelto su desventaja en una ventaja para animar a otras mujeres con su testimonio. A través de la prueba, vino el testimonio; de la confusión vino el mensaje de esperanza para otras que caminan con la trituración emocional del cáncer.

La razón por la que muchas personas no son usadas por Dios es porque ellas nunca han atravesado por nada. Dios consigue Sus mejores marineros de los mares más borrascosos, y, Sus más fieros soldados de las batallas más crudas. Dios puede usar lo que usted ha experimentado para bendecir a otros.

Tal es el caso de la vida de Sylina LiBasci. Me siento movido ha compartir con usted una porción de su testimonio personal acerca del día más devastador de su vida:

El 16 de mayo de 1997, yo era una madre común y corriente, me levanté temprano para hacer mi devocional y orar. Mi hijo Caleb, de cuatro años, vino y lo bañé. Luego, mi hijo Benjamín, de dos años, se levantó y lo bañé. Les di el desayuno mientras Wesli, mi hija de 10 años, estaba vistiéndose para el día.

Planeábamos un día de diversión en nuestra iglesia: día de agua o nuestra clase *Parents Morning Out* (Mañana de descanso para los padres). Yo la enseñaba los viernes. Los muchachos querían ponerse sus camisetas que decían "Jesús". Estas tenían dibujos de Jesús con los niños de Mateo 19:14, y se leía: *"Dejad a los niños venir a mí, y no se lo impidáis; porque de los tales es el reino de los cielos".* Ellos estaban tan alegres esa mañana. Yo no tenía manera de saber que esta sería la última mañana juntos.

De camino a la iglesia, el volquete de un camión golpeó nuestro carro. Mi Caleb de cuatro años, se fue a reunir con Jesús inmediatamente. Benjamín lastimado críticamente y sobrevivió sólo dos días y dieciséis horas después del accidente. Mi hija Wesli, la sacaron del lugar en helicóptero a un hospital de niños donde, gracias a Dios se recuperó de sus heridas.

Aunque yo nunca entenderé por qué Dios escogió llevarse a mis hijos, puedo decir que Dios ha vuelto mi crisis en un milagro. El chofer del camión que chocó el nuestro aceptó a Jesús en su corazón. Muchos doctores y enfermeras nos dijeron que ellos jamás volverían a ser los mismos. Pero el milagro más grande ocurrió en el servicio fúnebre—donde dieciséis de los miembros de nuestra familia aceptaron a Cristo.

Habíamos estado orando por un avivamiento familiar y este fue el comienzo. Dios nos ha abierto las puertas para ministrar a muchas familias afligidas. Hemos visto al Señor tocar a los angustiados por medio de nuestra más dura experiencia en la vida.

Aunque Sylina y su esposo se enfrentaron a la más grande tragedia de sus vidas, Dios pudo sacar algo bueno de eso. Nada puede tomar el lugar de los hijos que ella perdió, pero ella recibió consuelo al saber que se hizo una diferencia en las vidas de otros que estaban heridos y un día ella los volverá a ver.

Puedo prometerle a usted que el infierno está asustado de que usted esté leyendo este libro. Nuevas órdenes han salido del infierno: "No dejen que las mujeres agarren una sola palabra de los que está en ese libro. No permitan que entiendan lo que la oración ferviente puede lograr. No permitan que reciban un espíritu de discernimiento. Dejen que las mujeres se queden tan preocupadas con sus problemas, llenas de inferioridad y lástima de sí misma, que nunca descubran su don de discernimiento y entiendan que el papel importante de ellas puede derrotar a Satanás".

¡El enemigo le teme a las mujeres de oración y de discernimiento! Ellas pueden romper la autoridad del enemigo sobre el hogar, sobre la familia, sobre el esposo, sobre los hijos. ¡Y cuando él haya perdido esas batallas, habrá perdido la guerra!

Capítulo once

El hombre que usa el discernimiento es un hombre verdadero

He aquí, yo os envío al profeta Elías, antes que
venga el día de Jehová, grande y terrible. Él hará
volver el corazón de de los padres hacia los hijos,
y el corazón de los hijos hacia los padres.
—Malaquías 4:5–6

Que pasaje tan poderoso es este; realmente es una advertencia. Puede que sea del Antiguo Testamento, pero la verdad a la que se refiere nos afecta a todos, particularmente a esta generación. De hecho está diciendo: "Antes de la venida del Mesías, el corazón de los padres volverá hacia sus hijos."

Existe una diferencia entre ser varón y ser hombre. Solamente el hecho de que usted sea varón no quiere decir que usted sea un hombre.

¿Qué es ser un hombre verdadero? ¡Usted no mide a un hombre verdadero por los músculos, sino por la fibra moral!

¡Usted no mide a un hombre verdadero sólo porque es exitoso en los negocios, sino por cuan exitoso es en el hogar! Ninguna cantidad de éxitos profesionales lo compensarán por fallar en el hogar. Hay diferencia entre su reputación y su carácter. La reputación es lo que las personas *piensan* de usted. El carácter es lo que su esposa y sus hijos *conocen* de usted.

El matrimonio verdadero tiene que ir más allá del claro de luna y las rosas a la luz del día y los platos. El matrimonio verdadero tiene que ir más allá del sexo a la sensibilidad. El matrimonio verdadero tiene que ir más allá del romance a la responsabilidad. Las estadísticas nos dicen que en lo hogares donde el padre es un cristiano comprometido, los hijos tienen un 75 por ciento de oportunidad de crecer para convertirse en

> La reputación es lo que las personas *piensan* de usted. El carácter es lo que su familia *conoce* de usted.

cristianos comprometidos. Sin embargo, en los hogares donde sólo la madre es una cristiana comprometida, el número se reduce al 23 por ciento. Es muy obvio. Dios necesita que nuestros hombres se levanten y se conviertan en hombres de Dios con discernimiento en el hogar.

Cuando Josué y la nación de Israel estaban por cruzar el río a su tan esperada Tierra Prometida, Dios habló a Josué, diciéndole: "Josué, mañana voy a tomarte para cruzar el río. Mañana, cuarenta años de espera llegan a su fin; tú vas a entrar en la tierra que fluye leche y miel". Pero Dios tenía una última instrucción para Josué: "*Hazte cuchillos afilados, y vuelve a circuncidar la segunda vez a los hijos de Israel*" (Josué 5:2). Básicamente Él estaba diciéndole: "Santifícalos de nuevo". Como cada hombre seguramente sabe, la circuncisión era un corte de piel que designaba a los judíos varones como apartados para ser usados por Dios. Ahora, antes de que Israel pudiera entrar a la Tierra Prometida, Dios los llamó para una nueva santificación.

SIENDO SANTIFICADOS NUEVAMENTE

Dios estaba diciendo: "Bendiciones sin precedente están por venir a Mi pueblo. Pero antes de que Yo pueda darles a sus familias todo lo que he preparado para ellos, necesito que los hombres se santifiquen de nuevo. Deben cortar todas las cosas carnales".

La verdad es que, usted ha estado pasándola y llevando consigo cosas carnales. Usted ha estado haciendo algunas cosas pensando que Dios simplemente las pasaría por alto— "Los muchachos serán muchachos". Pero Dios está diciendo algo diferente. En realidad Él está diciendo: "Esta nueva cosa que quiero que hagan requiere de una nueva santificación en la vida de cada hombre. Quiero que sus ojos sean santificados. Quiero que sus corazones sean santificados. Quiero que sus mentes y sus espíritus sean puros. No quiero que vengan a la iglesia y tomen un papel secundario en las cosas espirituales del hogar".

La circuncisión, por supuesto, era un corte en aquellos lugares ocultos, sensibles. Y es ahí donde los hombres lo necesitaban. ¡Necesitamos tratar con aquellos asuntos secretos, aquellas cosas carnales que todavía se afianzan en nosotros, asuntos que impiden que recibamos las bendiciones sin precedente de Dios!

Probablemente usted conoce la historia de la Pascua que se encuentra en Éxodo, donde Dios hizo morir a todos los primogénitos de Egipto, pero perdonó, o "pasó de lejos", a los hogares israelitas que habían puesto la marca en la puerta. En Ezequiel 9, hay un ejemplo de otra Pascua:

Y le dijo Jehová: pasa por en medio de la ciudad, por en medio de Jerusalén, y ponles una señal en la frente a los hombres que gimen y que claman a causa de todas las abominaciones que se hacen en medio de ella". Y a los otros dijo, oyéndolo yo: Pasad por la ciudad en pos de él, y matad; no perdone vuestro ojo, ni tengáis misericordia. ... Pero a todo aquel sobre el cual hubiere señal, no os acercaréis.

(Ezequiel 9:4–6)

La aplicación es esta: Dios está diciendo: "Si yo puedo encontrar hombres que estén cargados y clamen a Mí por sus esposas e hijos, Yo salvaré a sus familias. Pero si no hay un hombre en esa casa que lleve la carga, entonces el destructor matará a las mujeres y los niños".

Le digo que estamos viviendo tal como esos días cuando el devorador tenga como blanco a nuestros hijos y a nuestras esposas. Puede haber habido un tiempo cuando usted pudo pasar como ser secundario espiritualmente; permitiéndole a su esposa elevar oración, llevar la lectura de la Biblia y tomar control de los asuntos espirituales, pero estamos viviendo en una hora cuando creo que Dios está marcando los hogares. Él está diciendo: "En todo hogar debe haber un hombre que sabe como clamar, que sabe como orar por sí mismo". Su pastor no es el guía espiritual en su hogar. Es usted. Y ha llegado el momento de que usted clame en alta voz. Es hora de que usted marque su casa para recibir las bendiciones.

Creciendo en el discernimiento

En 1ra Corintios 13:11, Pablo dijo: *"Cuando yo era niño, hablaba como niño, pensaba como niño, juzgaba como niño; más cuando ya fui hombre, dejé lo que era de niño"*. Nótese que Pablo usó *cuando* dos veces. Existe el *"cuando"* de la niñez y el *"cuando"* de la edad adulta. Él no está hablando acerca de su edad física, de cuántos años usted ha estado en esta tierra. Hay hombres allá afuera que están encerrados en un estado prolongado de niñez. Los niños actúan como niños. *"Más cuando ya fui hombre..."* Es hora de que algunos de ustedes crezcan.

Llega un momento, un derecho por decirlo así, cuando usted se mueve de la niñez a la adultez. Las personas que usted conoce deberían poder mirarle, de aquí a un año, y ver que usted ha creció en fe, en un mayor compromiso, a una vida de mayor oración y a una dedicación mayor a Dios.

Desafortunadamente, algunos hombres quedaron estancados en niñez espiritual. Usted ha ido a la iglesia por un año, dos años, quizás más y ahora sus hijos deben ver a Papi orando al Señor y discerniendo las cosas de Dios. En vez de eso, usted todavía está discutiendo acerca de los diezmos, preguntándose si va a la iglesia o no, y, viendo la televisión o navegando en el Internet en vez de estar leyendo la Palabra de Dios. De hombre a hombre, le estoy diciendo a usted

> Hay heridas que solamente un padre las puede causar, y, hay heridas que solamente un padre las puede sanar.

que ¡es hora de que los hombres de Dios crezcan! El infierno ha apuntado a su hogar como blanco y ¡Dios está buscando hombres con discernimiento que clamen a Él a favor de sus familias!

Observe, lo que dijo Pablo: *"Dejé lo que era de niño"*. Él no dijo: "Dios lo quitó". Pablo tenía que hacer algunas cosas por sí mismo. Dios está diciendo: "Estoy listo para convertirte en adulto. ¡Estoy listo para llevarte a un nuevo nivel! En Malaquías, Él dijo: "Voy a volver el corazón de los padres hacia los hijos". ¡Hay heridas en todos nosotros que solamente un padre las puede causar; hay heridas en todos nosotros que solamente un padre las puede sanar!

MALDICIONES DE LOS HUÉRFANOS

El Parque Nacional Kruger, en África del Sur, es el parque más grande preservado en el mundo. Cuando se enfrentaron a una sobrepoblación de elefantes, decidieron separar a los elefantes jóvenes porque se estaban comiendo toda la vegetación. Así que, agarraron a trescientos elefantes de los machos más jóvenes, los separaron de la influencia de los elefantes adultos y los llevaron a la Reservación Hluhluwe-Umfolozi al Sur de África, a trescientas millas de distancia.

Hluhluwe-Umfolozi no tenía elefantes, pero solía ser el terreno natural de los rinocerontes blancos. El rinoceronte no tiene enemigos naturales. No es presa de nada. Es muy cruel, muy duro, muy rápido, muy fuerte. Pero para asombro de las autoridades, se empezaron a encontrar rinocerontes muertos por todo el parque. Ellos no se imaginaban por qué. Por consiguiente, colocaron cámaras y encontraron que estos jóvenes elefantes machos, sin influencia de adultos en sus vidas, se organizaron en pandillas para matar rinocerontes—algo que no estaba en su naturaleza.

Todas las noches en las noticias, en cada ciudad de Estados Unidos de América, hay historias de violencia pandillera. ¿Sabe usted por qué tenemos pandillas vagabundeando? ¿Sabe usted por qué los encontramos disparando y matando? Creo que es porque no tenemos hombres mayores y maduros que hablen a las vidas de nuestros jóvenes, guiándolos y desarrollándolos, madurándolos y enseñándoles la conducta que es aceptable y la que no es aceptable.

Isaías 4:1 da una horrenda predicción: *"En aquel día, siete mujeres agarrarán a un solo hombre y le dirán: 'De alimentarnos y de vestirnos nosotras nos ocuparemos; tan solo déjanos llevar tu nombre: ¡Líbranos de nuestra afrenta!"* (NVI). Me parece que esta es una profecía de los últimos días cuando habrá tal escasez de hombres piadosos, maduros y con discernimiento, que las mujeres vendrán, siete mujeres para cada hombre, con sus familias, no para casarse o para algo inmoral, sino pidiendo abrigo, porque ellas no podrán encontrar suficientes hombres piadosos para hablarles a sus hijos y a sus familias. Talvez, mientras el profeta decía esto, él previó nuestra situación actual, cuando el 50 por ciento de los niños en Estados Unidos de América están creciendo en hogares sin padres.

LOS HOMBRES Y LAS MUJERES SON DIFERENTES

Si usted sabe algo de biología, sabrá que cuando un hombre y una mujer conciben un hijo, la mujer siempre provee un cromosoma "X" porque es todo lo que ella tiene. El hombre tiene ambos cromosomas "X" y "Y". Si él proporciona una "X", tendrán una niña. Si él proporciona una "Y", tendrán un varón. La mujer no tiene la habilidad de determinar el sexo del niño. Es el hombre el que le da esa identidad al niño. Si esto es verdad en el mundo natural, piense en la influencia de un padre para darles la identidad a sus hijos en el mundo espiritual. Nadie puede hablar de la vida de nuestros hijos como lo puede hacer un padre. Por eso es tan importante que usted entienda su papel como esposo y padre. Se está levantando una generación huérfana, ¡pues nunca una voz masculina, piadosa y fuerte les ha dicho quienes son ellos!

El cromosoma que recibimos hace la diferencia en lo que en el futuro llegamos a ser. Las damas, cuando ustedes reciben el cromosoma "X", ustedes reciben un sistema inmune más fuerte, y, por esa causa ustedes vivirán un promedio de ocho años más que los hombres. Los estudios comprueban que a las mujeres les va mejor que a los hombres en los campos de concentración. Las mujeres aguantan el dolor mejor que los hombres. Las células de las mujeres se deterioran un 2 por ciento cada diez años, mientras que las células de los hombres se deterioran el 10 por ciento en el mismo tiempo.

Los hombres, por otro lado, tienen algunos beneficios con su cromosoma "Y". Los hombres llevan galón y medio de sangre en sus cuerpos, comparado con cuatro quintos de galón en las mujeres. Un hombre tiene más de un millón de glóbulos rojos por gota de sangre que una mujer. Por eso es que los hombres tienen más fuerza física.

Talvez la más grande diferencia entre hombres y mujeres está en cómo están conectados nuestros cerebros. En el momento de la concepción hombres y mujeres básicamente son idénticos. Pero después de varios días, los hombres son rociados por la testosterona química. En el momento que este químico golpea el cerebro del varón, instantáneamente destruye algunas de las fibras que conectan a su lado izquierdo con su lado derecho. Este químico nunca fluye a través del cuerpo de la mujer; por consiguiente, el lado izquierdo y derecho de su cerebro siguen conectados. ¡Esto comprueba que a los hombres literalmente se les daña el cerebro al nacer! Este achicharramiento de la conexión entre ambos lados del cerebro hace que el hombre tenga un pensamiento lateral. Él usa solamente un lado del cerebro a la vez. Esto es un hecho médico.

Las mujeres piensan usando ambos lados del cerebro. Ellas son como radar todo el tiempo, notándolo todo. Por otro lado, los hombres son más lógicos, tratando de hacer que A más B sea igual a C. Por lo general, las mujeres son más sensibles que los hombres al sonido y a la luz, como también a las emociones.

La mayoría de las veces, los hombres utilizan el lado izquierdo del cerebro. Este es el lado del cerebro que está orientado al desafío, enfocado a los objetivos y las metas. El lado derecho del cerebro está orientado más al sentimiento, enfocado a nutrir. Este lado recuerda mejor.

Mi punto de vista es este: Dios nos hizo diferentes por una razón. Tan grandes y dotadas como son las mujeres, también necesitamos la influencia de los hombres en nuestros hogares, para proporcionar balance, estabilidad y protección. Si usted es una madre soltera, usted necesita que su iglesia proporcione hombres fuertes, líderes para sus hijos. El Señor, dijo: *"Haré volver el corazón de los padres hacia los hijos"* (Malaquías 4:6). Pero también Él esta diciendo: "Necesito algunos hombres que lleven la carga, algunos hombres que voluntariamente digan: 'Señor, soy tuyo'".

> Los hombres deben desarrollar discernimiento espiritual para percibir cuando las cosas no andan bien en el hogar.

HAY UN PADRE EN CASA

Hombres, si un joven llega a pedir permiso para salir con sus hijas, el silencio de ustedes es un consentimiento. Pongan a un lado el control remoto; apagan el ESPN. Ustedes necesitan recibirlo en la puerta. Él necesita saber que esta joven, con la que él va a salir, tiene un padre que va a estar vigilante. Ustedes necesitan mirarlo a los ojos y decirle: "¿Quién eres tú? ¿Quiénes son tus padres? ¿A qué iglesia vas? ¿A dónde van a comer? ¿A qué hora exactamente salen y a qué hora regresan a casa?"

Usted necesita ir a la escuela de sus hijos y reunirse con el director y los maestros. Éstos necesitan saber que hay un padre que se preocupa. Eso es parte de lo que un padre hace. Hay más en ser un hombre que traer a casa el cheque de pago. Cualquiera puede hacer eso.

Hombres, nos hemos vuelto perezosos y letárgicos. ¡Tenemos que entrar en el mundo de nuestros hijos! ¡Tenemos que saber que está pasando! ¡Tenemos que desarrollar nuestro discernimiento espiritual en nuestro hogar!

Si su matrimonio está por romperse y usted se va distanciando más y más, entonces necesita abrir su boca y comunicarse. Usted necesita decir algo. Usted necesita hacer algo para romper el hielo. Usted necesita abrirse; eso es lo que hacen los hombres verdaderos. El ser hombre es ser piadoso.

¿Por qué está tan callado? Abra la boca y háblele a Dios de su familia. Cuéntele a Él de su matrimonio. Guardar silencio es consentir. Si usted guarda silencio, entonces Dios guardará silencio. Pero si usted comienza a orar, Dios comenzará a moverse. Si usted comienza a hablar, Dios comenzará a hablar. Use su voz y pronuncie bendición, identidad y unción sobre a su familia, en el nombre de Jesús. ¡Levántese y diga; *"Porque yo y mi casa, serviremos a Jehová"* (Josué 24:15)!

EL ESPÍRITU DE UN HOMBRE

Proverbios 20:27, dice: *"Lámpara de Jehová es el espíritu del hombre, la cual escudriña lo más profundo del corazón".* Yo siempre he interpretado que ese pasaje quiere decir que cuando Dios nos guía, Él lo hace a través de nuestros espíritus, Él no habla a nuestras mentes; Él habla a nuestros espíritus porque *"lámpara de Jehová es el espíritu del hombre".*

Este versículo siempre me hace preguntarme: *"¿Qué clase de luz emite mi espíritu?"* Esa es una pregunta que todos nosotros necesitamos hacernos; especialmente, siendo que nuestros espíritus son la lámpara del Señor. Dios, quien es luz, de hecho dice: "La única luz que Yo tengo en la tierra para invadir las tinieblas es el espíritu de los hombres y las mujeres".

En 2da Samuel 16, encontramos la historia de David, cuyo trono había sido derribado por su hijo Absalón. Las Escrituras nos cuentan:

> *Y vino el rey David hasta Bahurim; he aquí salía uno de la familia de la casa de Saúl, el cual se llamaba Simei, hijo de Gera; y salía maldiciendo, y arrojando piedras contra David, y contra todos los siervos del rey David; y todo el pueblo y todos los hombres valientes estaban a su derecha y a su izquierda. Y decía Simei, maldiciéndole: ¡Fuera, fuera, hombre sanguinario y perverso!* (2da Samuel 16:5-7)

David y sus treinta hombres poderosos estaban dejando sus hogares y sus familias, escapando por sus vidas. Estaban dejando atrás todas sus posesiones. Estos eran guerreros, pero estaban enojados y avergonzados porque no sólo lo habían perdido todo, sino que ahora este pequeño don nadie llamado Simei lanzaba piedras y maldiciones mientras ellos abandonaban la ciudad.

Uno de los hombres se volvió a David y le rogó: "*¿Por qué maldice este perro muerto a mi señor el rey? Te ruego que me dejes pasar, y le quitaré la cabeza*" (2da Samuel 16:9). Usted casi puede ver las venas resaltarse en su frente, su mano en el mango de su espada, muriendo por salir a deshacerse de ese incordio. Sin embargo, David dijo:

> *Dejadlo que maldiga, pues Jehová se lo ha dicho, quizá mirará Jehová mi aflicción, y me dará Jehová bien por sus maldiciones de hoy.* (2da Samuel 16:11-12)

Lo que realmente dijo David fue: "Puede ser que Dios me esté probando, tomando Su lámpara y colocándola en mi espíritu para ver que clase de espíritu tengo".

Es mucho más grande cuando se puede refrenar el poder que cuando se ejerce. Un Hombre comprobó esto en una cruz hace dos mil años. Mientras Él era arrestado en el huerto de Getsemaní, Jesús pudo haber llamado a diez mil ángeles, pero se rehusó a hacerlo (Véase Mateo 26:53). Imagínese a David mirando a este pequeño hombre, que no era digno ni de limpiarle los zapatos, y diciendo algo así: "Creo que Dios está probando mi espíritu en esta situación".

LA PRUEBA DE LA PRESIÓN

Habrá ocasiones cuando Dios permitirá la prueba, la queja, y, talvez incluso la falsa acusación que llegue a su vida. En ese momento, Dios tomará Su lámpara y la pondrá dentro de su espíritu. Puede que usted sea más fuerte y tenga mayor poder e influencia que su acusador. Puede que usted sea capaz de aplastarlo. Pero Dios sabe que como usted se comporta cuando está bajo presión y es quien realmente usted es. Dios quiere ver si usted presenta el espíritu correcto cuando se enfrenta a

> Es mucho más grande cuando se puede refrenar el poder que cuando se ejerce.

la adversidad. Dios quiere saber si usted puede *"bendecir a los que os maldicen, y orar por los que os aborrecen"* (Lucas 6:28).

Es en los momentos de presión, en los tiempos de crisis, cuando su verdadero espíritu saldrá a flote. Me gusta caminar con hombres que tienen un buen espíritu. Usted puede no ser perfecto. Puede que usted cometa errores. Puede ser que usted haga las cosas equivocadamente. Pero Dios siempre se mete debajo de la superficie para iluminar nuestros espíritus, diciendo: "Quiero ver cuanta luz irradias con tu espíritu". No importa qué le suceda a usted en la vida; no importa quién le lastime; no importa quién se le atraviesa en el tráfico o socava su trabajo; no importa qué pasa en su matrimonio o en su hogar, usted necesita tener el espíritu de Dios, no un espíritu de amargura, falta de perdón e ira.

El Espíritu de Jesús

La noche antes de la crucifixión, se suscitó una discusión entre los apóstoles de quién sería el más grande en el cielo (Véase Lucas 22:24). No era la primera vez que se daba una discusión como esta (Véase Lucas 9:46). Luego, sabiendo Él que en las próximas veinticuatro horas iba a la cruz, Jesús se levantó, tomó un recipiente con agua y una toalla, caminó alrededor de la mesa y lavó los pies de Sus discípulos (Véase Juan 13:4–5). Él incluso le lavó los pies a Judas, quien estaba a punto de salir para traicionarlo. No me puedo imaginar lo que yo hubiera hecho cuando llegaba hasta Judas, sabiendo, como lo sabía Jesús, de su próxima traición. Probablemente yo le hubiera gritado a Judas, hubiera alegado con él, o, se lo hubiera impedido. En vez de eso, Jesús lavó los pies del hombre que lo traicionaría. Más allá de lo que las palabras puedan expresar, Jesús estaba demostrándoles a ellos el espíritu de un siervo. Luego les dio instrucciones: *"Pues si yo, el Señor y el Maestro, he lavado vuestros pies, vosotros también debéis lavaros los pies los unos a los otros"* (versículo 14).

"Lámpara de Jehová es el espíritu del hombre". ¿Cuánta luz irradia usted por medio de su espíritu, por medio de su actitud y por quien es usted en su interior? ¿Está usted enojado y amargado? ¿Tiene usted esa clase de espíritu? O, ¿proyecta usted el Espíritu de Jesús?

Las Escrituras dicen que cuando lleguemos al cielo, Dios juzgará: *"a los espíritus de los justos hechos perfectos"* (Hebreos 12:23). Esa palabra, *perfecto*, no quiere decir que usted sea perfecto; lo que significa es que usted ha *madurado* en Cristo. Esto significa, que aun cuando las personas lo maldigan a usted, usted prosigue. Cuando usted tiene la oportunidad de tomar represalia contra alguien que realmente ha tratado de lastimarle, usted se contiene. No me interesa cuanto le ofenda una persona; usted debe olvidarse de ello. El deseo del corazón de un hombre de Dios dice: "Hazme como Jesús. Dame el espíritu de perdón. Dame el espíritu de pureza. Dame el espíritu de santidad. Dame el espíritu de amor. Dame el Espíritu de Jesús".

Parte IV

Beneficios del Discernimiento

Capítulo doce

DESENMASCARANDO A LOS ASESINOS DEL MATRIMONIO

Acordaos del Señor, grande y temible,
y pelead por vuestros hermanos, por vuestros hijos y por
vuestras hijas, por vuestras mujeres y por vuestras casas.
—Nehemías 4:14

Como pastor principal de una iglesia grande, que también tiene el privilegio de alcanzar a millones a través del ministerio de la televisión, me gusta pensar que Dios me ha bendecido con cierta porción de discernimiento espiritual. Pero he aprendido que cuando llega el momento de aplicar ese discernimiento a las relaciones interpersonales, yo no estoy al mismo nivel de mi esposa. Y sin generalizar mucho, la mayoría de los hombres que conozco dirían lo mismo.

A través de los años, en diferentes ocasiones mi esposa sencillamente ha sido capaz de sentir la sensación de alguien que no andaba bien. Algunas veces ella siente cierta inquietud por algunas mujeres que estaban tratando de acercarse a mí. Otras veces ella se siente incómoda por hombres que la rodean de quienes percibe se le estaban insinuando a ella o a una de nuestras hijas. Dos cosas han llegado a quedar claras conmigo sobre esto: (1) casi todas esas veces ella estaba en lo correcto; y (2) yo generalmente no tenía ni ideas del asunto. He aprendido de manera cruda que cuando mi esposa susurra, "cuídate de esa persona"—mejor presto atención a la advertencia.

LA GRIETA DE LA INTIMIDAD

De acuerdo con el Dr. Tim Clinton, presidente de la Asociación Americana de Consejeros y publicista de la galardonada revista *Christian Counseling Today* (Consejería Cristiana Actual), el 67 por ciento de todas las mujeres experimentarán una o más aventuras pre-maritales o extra-maritales en sus vidas. Algunos expertos creen que este porcentaje es mucho mayor. ¿Por qué tantas mujeres luchan con aventuras extra-maritales? Muchas de estas mujeres son tentadas porque sus esposos no les llenan sus necesidades emocionales.

Las mujeres ansían intimidad emocional de la misma manera que los hombres ansían la intimidad física. Por consiguiente, así como los hombres son vulnerables a la infidelidad por ausencia del sexo, las mujeres son vulnerables a la infidelidad por ausencia de la conexión emocional. Los hombres se inclinan a dar amor para recibir sexo; las mujeres se inclinan a dar sexo para recibir amor. Los hombres son estimulados por lo que ven, mientras que las mujeres son estimuladas por lo que oyen. Piense en la palabra *intimidad* como "en lo interior se da". Es tanto física como emocional.

EL CAMINO A LA DESTRUCCIÓN

Ninguna persona tendría una aventura si pudiera ver hacia dónde eso le conduciría. Debemos despojarnos del engañoso disfraz con el cual la inmoralidad sexual se ha cubierto. Para David, el pecado se envolvió en el cuerpo de una bella mujer,

Betsabé, mientras él la observaba bañándose. Pero él no podía ver más allá de la apasionada aventura sexual a los devastadores efectos que su adulterio ocasionaría: un esposo asesinado, un bebé muerto, una hija violada por su hermano, y, un hijo muerto por su hermano. El adulterio siempre parece excitante y estimulante, pero siempre trae dolor, pena y tristeza.

Si él solamente hubiera despojado de su belleza a Dalila, Sansón habría visto más allá del engaño de ella, él habría visto lo que el pecado nunca quiere mostrar. Él habría visto como el hombre más fuerte de la nación terminaría siendo prisionero, ciego y esclavo. Sansón aprendió que pecar tiene un efecto atador, un efecto cegador, y, un efecto demoledor. Qué caída para un hombre que una vez fue el hombre fuerte de Dios. Apunte a una víctima más que cae presa de la lujuria.

> El engaño es el arma número uno de Satanás, y, el discernimiento es nuestra defensa número uno.

El pecado sexual solamente le muestra la excitación e inmediata gratificación; él nunca le muestra a usted los hijos destrozados por causa del divorcio. Él nunca le muestra a usted las enfermedades de transmisión sexual que hacen estragos en el cuerpo. Satanás solamente le muestra las habitaciones de los hoteles que el hijo pródigo usaba, nunca la porqueriza. Satanás solamente le muestra la entrada, jamás la salida.

El pecado nunca dice: "He aquí lo que realmente soy". El pecado constantemente debe cambiar su guardarropa para no ser reconocido. El engaño es el arma número uno de Satanás, y, el discernimiento debe ser nuestra defensa número uno.

Con mucha frecuencia, nos ponemos nuestra mejor máscara religiosa para llevarla a la iglesia, queriendo lucir de lo mejor con nuestra fachada religiosa. Todo ese tiempo, tenemos serios problemas maritales escondidos bajo la superficie, los cuales claman por ser revelados y sanados. Esas máscaras se convierten en asesinos que pueden matar lo que en el exterior pareciera ser un matrimonio perfecto.

Despojemos al engaño y desenmascaremos a los doce asesinos que podrían usar su matrimonio como blanco.

Asesino del matrimonio #1
Un matrimonio de mucho tiempo es un matrimonio seguro.

Eso es como decir: "Sólo porque usted ha vivido mucho tiempo, es que ahora está físicamente saludable". No necesariamente. Usted puede desarrollar una falsa seguridad pensando que, como ha estado casado por muchos años, su matrimonio está seguro.

Las estadísticas muestran un aumento en la proporción de divorcio entre personas que han estado casados veinticinco años o más. Después de todos esos años de cuidar niños, seguir sus carreras, ambos, tanto el esposo como la esposa, de repente pueden encontrarse yendo en direcciones opuestas. Ya no tienen nada en común más que los hijos. Una vez que los hijos van a la universidad, los padres descubren que son extraños viviendo bajo el mismo techo. El área común que una vez compartieron se ha ido.

Lo triste del divorcio es que usted se separa antes de divorciarse. Años antes de que el divorcio tome lugar, una erosión silenciosa, como las olas de la playa, lentamente desvanece el amor. Su matrimonio puede experimentar una significante erosión a través de los años.

Cualquier cosa que no se alimenta muere. Para sustentar un matrimonio saludable debe haber "mantenimiento" del matrimonio. Los cristianos viven bajo la ilusión de que el divorcio no puede llegar a ellos. Pero como pasan menos y menos tiempo el uno con el otro, la chispa del matrimonio se extingue lentamente. Es insensato pensar que mientras usted llegue a casa todas las noches y ocasionalmente tenga relaciones sexuales con su cónyuge, usted tiene un buen matrimonio.

La muerte raras veces llega repentinamente. Primero, hay síntomas que lo llevan a la enfermedad, la cual lo conduce a la muerte. De igual manera, la destrucción en un matrimonio sigue una progresión. Un matrimonio débil se convierte en un matrimonio enfermo. Un matrimonio enfermo y desatendido morirá. No espere hasta que su matrimonio muera. Haga caso a las señales de advertencia. Es demasiado tarde para llamar a un salvavidas después que alguien ya se ha ahogado.

¿Quiere usted un buen matrimonio? Atiéndalo. Este es el momento de rescatar su matrimonio.

Asesino del matrimonio #2
El egoísmo y la preocupación de sí mismo.

Hace algún tiempo, viajaba con mi esposa y tres de mis hijas mayores. Se estaba haciendo tarde y ya quería llegar a casa. Mi esposa me pidió que parara en una tienda a comprar una Coca Cola que ella quería tomar. En cualquier otro momento, yo hubiera estado contento de complacerla, pero la tienda estaba al otro lado de la autopista, era tarde, y, yo estaba cansado. Además, estábamos sólo a unas pocas millas de casa y allá habían bastantes bebidas para tomar. Decidí manejar derecho pasando la tienda.

Usted podía cortar la atmósfera con un cuchillo. Cherise no me dirigió una sola palabra el resto del camino a casa. Las muchachas inteligentemente se sentaron calladas en el asiento trasero. Ya en casa, mientras salía del carro, oí una voz fría que decía: "Deja las llaves en el auto". Cuando bajamos, mi esposa salió quemando llantas. (¡Ella verdaderamente quería esa Coca Cola!). Aprendí una gran lección por más de tres o cuatro días de ser ignorado. ¡Si ella quiere una Coca Cola, vaya y compre esa Coca Cola! He aprendido a mantener siempre una cajilla a mano.

El matrimonio requiere que constantemente pongamos a la otra persona primero. La descripción del trabajo para un esposo se encuentra en Efesios 5:25: *"Maridos, amad a vuestras mujeres, así como Cristo amó a la iglesia, y se entregó a sí mismo por ella"*. Este versículo puede ser resumido a una sola palabra—*sacrificio*. La descripción del trabajo de una esposa se encuentra en Efesios 5:22: *"Las casadas estén sujetas a sus propios maridos, como al Señor"* (Efesios 5:22). Este versículo puede ser resumido a una sola palabra—*sumisión*, lo cual significa "dar honra". Necesitamos embragarnos y comenzar a sacrificarnos y a sujetarnos los unos a los otros.

Sea cuidadoso de no hacer que todo gire alrededor suyo. Reconozca las señales si todo llega a ser acerca de lo que usted *tiene* que tener y lo que usted *no está obteniendo* de la relación. Nadie se divorcia preocupándose de lo que él o su esposa necesitan. Recuerde, la palabra *pecado* lleva consigo un "ego". Tenga cuidado del espíritu del "mi", "para mi mismo" y "yo".

Asesino del matrimonio #3
La inmadurez.

Soy siete años mayor que mi esposa. Yo le dije a ella que quería casarme con alguien que pudiera ¡empujar mi silla de ruedas muy rápido cuando llegara a viejo! Nuestra diferencia de edad presentó algunos desafíos al inicio de nuestro matrimonio. Cherise tenía sólo dieciocho años cuando me casé con ella. Ella pensó que estar casada con un evangelista significaba vivir sin preocupaciones mientras viajábamos de ciudad a ciudad. Ella se imaginaba ver los paisajes durante el día y vestirse bien por la noche para ir a la iglesia. Suena un poco divertido, ¿no es así? Después de tres meces de viajar sin parar y de ir a la iglesia casi todas las noches, Cherise estaba cansada. Ella estaba harta de vivir en habitaciones de hotel.

Todo llegó a un punto en Washington, D. C. Yo me encontraba predicando en una campaña en una iglesia en particular, ella me informó que estaba aburrida y cansada de andar de iglesia en iglesia todo el tiempo. Me dijo que quería irse a casa con su mamá. Después de una acalorada discusión, ella salió de la habitación. Así es, yo también me casé con una novia que se escapaba. Por horas la busqué por todo el hotel. Llamé a su mamá y lloramos juntos de la preocupación por ella. Ya se acercaba el momento de ir a la iglesia y estaba a punto de sufrir una crisis nerviosa. No sabía si algo le había pasado a ella, o si habría sido secuestrada. Ella se había ido a la tienda de regalos del hotel y compró algunas revistas para leer. Después se fue a la lavandería del hotel para evitarme.

Como se puede imaginar, a la hora que me fui a la iglesia yo estaba destrozado. Cherise todavía se ríe de la oración que le pedí a la congregación porque "¡yo había estado luchando con el diablo todo el día!"

Nosotros lidiamos con nuestros problemas. Mirando hacia atrás, entiendo cuan duro fue para mi esposa de dieciocho años tener que verse como una adulta tan rápidamente. Con el tiempo, aprendí a tomar un tiempo de descanso, y, ella aprendió que la vida no siempre es un lecho de rosas. Ambos crecimos—más o menos. Sin embargo, ocasionalmente todavía siento como que estoy "luchando con el diablo todo el día". Estoy seguro que Cherise ocasionalmente añora por una "vida más fácil". Santos, oren por nosotros. ¡Oren!

Inmadurez es cuando alguien en el matrimonio rehúsa crecer. Recuerde las sabias palabras de 1ra Corintios 13:11: *"Cuando yo era niño, hablaba como niño, pensaba como niño, juzgaba como niño; más cuando ya fui hombre, dejé lo que era de niño".* Llega un momento cuando los berrinches y el hacer pucheros deben cesar.

Asesino del matrimonio #4
La manipulación.

La manipulación en el matrimonio ocurre cuando usted piensa que es tan maravilloso y que la única razón por la que usted se casó con su cónyuge fue para enderezarlo. Muy profundamente usted piensa que necesita hacerle ajustes a su pareja, cambiarlo en la persona que usted necesita como pareja. Con frecuencia usted trata de hacer que su pareja sea como usted, y, a decir verdad, ¡usted mismo no gusta de usted mismo!

En una amorosa relación matrimonial, algunas veces usted hace cosas porque su pareja quiere hacerlas. Usted va a lugares porque su pareja quiere ir. Usted disfruta ciertas cosas porque su cónyuge las disfruta. No es así en una manipuladora relación matrimonial, donde un compañero trata de cambiar al otro para ser como el primero quiere que él o ella sean, en vez de respetar como Dios diseñó a esa persona.

Asesino del matrimonio #5
Falta de compromiso.

Su cónyuge necesita saber, independientemente de lo que ocurra, que usted no lo dejará. Talvez el día de bodas usted hizo sus votos a un muchacho esbelto, con 32 pulgadas de cintura, pero que ahora él está panzón, con una cintura de 44 pulgadas. Talvez él se casó con una chica talla 8, pero que ahora él está casado con una de talla 18. El matrimonio es un compromiso independiente de los cambios que sufren las relaciones—o las personas que forman parte de las mismas. Recuerde aquellos votos: "En riqueza o en pobreza, en enfermedad y en salud, hasta que la muerte nos separe".

Escuché la historia del presidente de una universidad de Carolina del Sur cuya esposa estaba agobiada con la enfermedad de Alzheimer. Todos los días este hombre se sentaba junto a su cama y le leía historias. Con el tiempo, él decidió renunciar a su prestigiosa posición en la universidad para pasar más tiempo con ella. Después de su renuncia, uno de los miembros de la junta le preguntó por qué estaba renunciando, diciéndole: "Su esposa ni siquiera sabe quien es usted". Su respuesta fue clásica: "Hace cincuenta años, yo hice un compromiso con ella, y aunque ella no sabe quien soy, yo sé quien es ella".

> La realidad del matrimonio no puede competir con la fantasía del Internet.

En una sociedad sin compromiso, una de las claves para la felicidad es un alto compromiso.

Asesino del matrimonio #6
La promiscuidad.

Vivimos en una sociedad regida por el sexo. Dondequiera que mire los medios de comunicación están bombardeándonos con más sexo. La tecnología moderna ha abierto vastas avenidas de oportunidades para alguien que busca compañerismo, comprensión o sexo. La pornografía, el sexo cibernético, las cámaras cibernéticas y sitios cibernéticos de charlas han atraído a millones ha caer en sus garras, dándoles la ilusión de que ellos les están ofreciendo exactamente lo que les hace falta.

La realidad del matrimonio sencillamente no puede competir con la emoción temporal de aventuras casuales o con la fantasía del Internet. En una aventura usted sólo ve lo mejor de la otra persona. Usted no lava la ropa interior de ellos; usted sólo les ve ponérselos y quitárselos. Sin embargo, cuando usted se casa, usted ve a la otra persona, con verrugas y todo. Usted descubre que el matrimonio inhala y exhala, y, que tiene sus altos y bajos.

Hay tres niveles de amor en todo matrimonio:

Amor caliente: El sexo es fabuloso. ¡Es insaciable, divertido y libre! Su matrimonio no puede funcionar en el nivel de amor caliente todo el tiempo. El amor fogoso es más parecido a la chita que mencioné anteriormente—es rápido, pero no se puede sustentar.

Amor tibio: Usted ha estado casado por algún tiempo y ha tenido algunos hijos. Ambos corren de aquí para allá cuidando de los niños y trabajan para cimentar una carrera. Consecuentemente, ambos están cansados y ocupados, por lo que naturalmente las cosas en sus relaciones comienzan a enfriarse.

Amor frío: Esto incluye un tiempo de relaciones sexuales disminuidas. Algunas veces surge por fricciones en el matrimonio y algunas veces por causa de enfermedad física o ciertas limitaciones; sin embargo, el amor frío es el amor más importante porque es un pacto de amor. Está basado en el compromiso del uno para el otro, no importa lo que venga.

Todos los matrimonios exhibirán estas tres temperaturas. La razón por la que el amor frío es el más relevante es porque cuando usted ha logrado controlar el amor frío, las otras dos temperaturas siempre regresan. Un matrimonio se mueve del amor caliente, al amor tibio, al amor frío, pero si ustedes están comprometidos el uno para con el otro no siempre permanecerá frío. Una vez más regresará el amor caliente que usted ya conocía.

Asesino del matrimonio #7
La tensión.

Cuando el esposo y la esposa trabajan y no tienen tiempo el uno para el otro, la tensión puede asesinar al matrimonio. Yo recomiendo darse cita una vez a la semana, donde usted y su pareja se alejen de todos y de todo para pasar un rato juntos. Talvez salir a cenar y ver una película, es una idea que usted podría disfrutar con su cónyuge.

En ocasiones, su cónyuge puede sentirse tan exhausto debido a la tensión que usted tiene que sacarlo del fuego. Usted puede revivir a la agradable persona que ha estado escondida dentro de su pareja cuando le acompaña a salir a una velada de distracción y romance.

Asesino del matrimonio #8
La presión económica.

El discutir acerca de dinero puede destruir su matrimonio. Lo que los unió no tenía nada que ver con el dinero. Cuando se casaron, lo que querían era vivir juntos. Es tan fácil perder la visión de eso.

A muchos matrimonios les he recomendado una cirugía plástica. O sea, que corten aquellas tarjetas de crédito plásticas que le están cargando el 18 por ciento de intereses. Hágase un presupuesto. ¡No trate de mantenerse al nivel de los Pérez, porque para cuando usted llegue a donde ellos están, ellos ya habrán refinanciado!

Asesino del matrimonio #9
Interferencia exterior.

No permita que su madre o su suegra, su ex cónyuge, su mejor amigo, sus hijos, compañeros de trabajo, o terceros interfieran entre usted y su cónyuge. La Biblia habla de dejar y unirse. *"Por esto el hombre dejará padre y madre, y se unirá a su mujer, y los dos serán una sola carne"* (Mateo 19:5).

Salmos 1:1, dice: *"Bienaventurado el varón que no anduvo en consejo de malos"*. Jamás permita que personas impías le den consejos acerca de su matrimonio. Cuídese de la interferencia exterior.

Asesino del matrimonio #10
La falta de perdón.

En el matrimonio, un espíritu de perdón debe operar continuamente. Cada vez que usted entra en una discusión, ¿es usted la clase de persona que vuelve al pasado y saca la suciedad antigua? Si así es usted, entonces está saboteando su matrimonio.

Usted no puede cambiar lo que sucedió en el pasado. Por consiguiente, usted necesita admitirlo, desecharlo y olvidarlo. Todo lo que le queda a usted es el futuro, entonces comprométase a construir un futuro juntos. Sea rápido para olvidar. Quizás usted diga: "Pero si ellos todavía no me han pedido que los perdone". Jesús perdonó en la cruz antes de que Sus asesinos se lo pidieran. Él oró: *"Padre, perdónalos porque no saben lo que hacen"* (Lucas 23:34).

Asesino del matrimonio #11
La comparación.

El comparar constantemente a su cónyuge con otras personas no es muy saludable para su relación. "Quiero que mi esposa luzca tan bien como esa". "Mi esposo no alimenta mis necesidades emocionales como lo hace el esposo de aquella". "Quiero que mi cónyuge vaya a la iglesia los domingos como lo hacen los otros".

Antes de que usted se de cuenta, estará convencido de que el césped está más verde del otro lado. El comparar a su cónyuge con otras personas puede llevarle a tener fantasías de estar con ese otro hombre o mujer.

Seamos sinceros. Siempre habrá alguien mejor parecido, más inteligente y más exitoso que su esposo. Siempre habrá alguien más bonita, más delgada y más inteligente que su esposa. Segunda de Corintios 10:12, dice: *"...pero ellos, midiéndose a sí mismos por sí mismos, y comparándose consigo mismos, no son juiciosos".*

¿Tiene usted fantasías de intimidad con alguien más? ¿Conversa usted por Internet con extraños en sitios cibernéticos de charlas?

"¿Qué daño puede hacer una pequeña fantasía?, dirá usted.

Al igual que usted se ofendería si los ojos de su cónyuge se distraen, su cónyuge tiene derecho a ofenderse cuando su mente se distrae. Está bien fantasear si la fantasía está limitada a su compañero de matrimonio; de lo contrario, la fantasía es infidelidad mental y emocional.

Asesino del matrimonio #12
El ambiente equivocado.

Muchas veces, cuando la persona cae moralmente es porque se han permitido estar en el lugar incorrecto a la hora incorrecta. Segunda de Samuel 11:1–2, dice: *"...en el tiempo que salen los reyes a la guerra... David se quedó en Jerusalén... y se paseaba sobre el terrado de la casa real".* Este pasaje describe la tarde que David vio a Betsabé bañándose. Él estaba en el lugar incorrecto a la hora incorrecta. Usted tiene que ser capaz de discernir cuando está al borde la lujuria. Es peligroso estar sólo en el lugar incorrecto con la persona incorrecta.

Evite los "ambientes de alcoba". Usted tiene la química para que todo pueda pasar; no importa cuan espiritual usted sea. Casado o soltero, la clave es no ponerse en situaciones que no debe estar.

Un ciego siempre tiene ventaja en una habitación oscura. ¿Por qué? Es porque usted está en su terreno. Si un ciego quiere golpearlo a usted, todo lo que él tiene que hacer es apagar las luces. Satanás es el príncipe de las tinieblas, por lo que trata de atraerlo a la oscuridad donde él tiene ventaja. ¡Aléjese de su terreno!"

Recuerde, el pecado sexual siempre se disfraza. Puede comenzar con una atadura emocional "no dañina" o una simple amistad con alguien del sexo opuesto. A medida que progresa, una fuerza mental de lujuria se desarrollará. Antes de que usted se de cuenta, todas las mañanas cuando usted se levante va a escoger lo que se va a poner para tratar de ser atractivo para esa persona.

Esto es peligroso en muchos niveles y puede obrar en contra suya en su lugar de empleo así como en su matrimonio. En el lugar de trabajo sea cuidadoso. Es sabio mantener las puertas abiertas en la oficina cuando está entrevistando a personas del sexo opuesto. Incluso un abrazo casual puede llevar a un mal entendido. Si usted está casado, nunca debe llevar en su carro o salir a almorzar con alguien del sexo opuesto, si no va su esposa. El demonio no tiene autoridad para tentarlo a usted más allá de lo que usted le permita (Véase 1ra Corintios 10:13), pero si usted llega a aun ambiente incorrecto, la necesidad de conectarse con alguien íntimamente lo sobrecogerá. Guarde su afecto íntimo para su familia inmediata solamente.

Decida cuáles son sus principios antes de que llegue a una situación de tentación. Erija su "cerca" antes de que las circunstancias lo desvíen (Véase Job 1:10), De esa manera, cuando la tentación llegue, usted ya ha tomado la decisión. Si usted tiene que esperar hasta que la crisis llegue para ajustar su mente al comportamiento que habrá de tener, será demasiado tarde. Si una voz en su interior le dice: *"algo no está bien en este ambiente"*, escúchela. Cuando se enfrente a una situación de tentación, haga como José en Génesis 39:15—¡huya!

Hoy en día un hogar feliz, un buen matrimonio y una familia amorosa, son como las especies en extinción. Cada vez hay menos familias tradicionales. La proporción del divorcio continúa en aumento y el número de parejas no casadas viviendo juntos sigue aumentando. Penosamente, cuando la familia se divide, las oportunidades para que los hijos sirvan a Dios disminuyen grandemente.

> Las grandes instituciones sobre la tierra son la familia y la iglesia, por lo cual Satanás las tiene en la mira.

Las dos grandes instituciones sobre la tierra son la familia y la iglesia, por lo cual Satanás las tiene en la mira. Si el hogar es número uno en la prioridad del demonio y los asesinos del matrimonio, ¡entonces es mejor que usted los coloque como número uno de sus prioridades!

Estoy muy preocupado con la desvalorización de los votos del matrimonio. Nehemías 4:14, dice: *"Pelead por vuestros hermanos, por vuestros hijos y por vuestras hijas, por vuestras mujeres y por vuestras casas"*. Sus seres queridos son una digna causa por la cual pelear. ¡Luche por su familia! Las familias fuertes producen iglesias fuertes y una nación fuerte.

Usted no puede darse el lujo de jugar con el pecado sexual. Usted no puede hacer concesiones con sus convicciones. Si lo hace, sus hijos y los hijos de sus hijos serán afectados adversamente. Usted tiene que mantenerse firme en la Palabra. Rodéese con normas de alta moral y fuertes convicciones personales. Sabemos como es la naturaleza humana—una vez que permite que bajen las normas, usted abre la puerta. Si no quiere cometer adulterio, entonces no devuelva esa mirada o guiño de ojo: *"Absteneos de toda especie de mal"* (1ra Tesalonicenses 5:22).

Algunas veces usted puede sentirse presionado a ser amable con una persona que está actuando fuera de lugar y pidiéndole que empañe sus normas. Usted puede decir: "Si les digo que paren, ellos pueden pensar que soy un grosero".

Usted no está siendo grosero, usted está siendo fiel a su cónyuge y a Dios. ¿Tiene presión en su trabajo? Sus normas personales pueden afectar a las futuras generaciones de su familia. *"Porque yo soy Jehová tu Dios, fuerte, celoso, que visito la maldad de los padres sobre los hijos hasta la tercera y cuarta generación de los que Me aborrecen"* (Éxodo 20:5).

Dios tiene normas; Él establece límites y márgenes para nosotros. No somos de este mundo. Nuestra obligación con Dios es ser luz sobre la colina, no apagarnos en la oscuridad (Véase Mateo 5:14).

Pídale al Señor fortaleza en estas áreas de su matrimonio. Simplemente diga: "¡Señor, dame el valor para mantenerme en lo correcto! Así sea que me cueste, aunque sienta presión de los jefes para hacer concesiones, ayúdame a recordar que algunas cosas no están a la venta. Gracias, Señor".

Capítulo trece

Discerniendo la Tentación Sexual

Pues la voluntad de Dios es vuestra santificación;
que os apartéis de fornicación.
—1ra Tesalonicenses 4:3

Sugiero que todo padre que lea este libro comparta este capítulo con sus hijos adolescentes. Estamos viviendo en una sociedad donde a las muchachas y los muchachos se les pide ser adultos de la noche a la mañana. Muchos jóvenes han sido entrenados para pensar que una vez que ellos tengan sexo, ellos serán "verdaderos" hombres y mujeres. Hasta entonces, ellos no son nada más que simples chiquilines.

Los videos de *Girls Gone Wild* (Muchachas Desenfrenadas) parecen ser el tema moral de los tiempos actuales. La tergiversada imagen sexual de la cultura popular continúa produciendo y promocionando todo desde la experimentación homosexual hasta el sexo casual, todo eso va en directa contradicción con la Palabra de Dios.

La influencia negativa de los medios de comunicación, la música, el cine y las revistas de modas están lavándole el cerebro a una generación de jóvenes (tanto varones como mujeres) haciéndoles creer que es perfectamente normal ser activamente sexual antes del matrimonio.

"Eso no es gran cosa", "todo mundo lo hace", "no puede ser malo si se siente bien", son las respuestas de hombres y mujeres, jóvenes y ancianos que toman decisiones equivocadas, las cuales les parecen correctas. Proverbios 14:12, dice: *"Hay caminos que al hombre le parece derecho, pero su fin es camino de muerte".*

Usted debe recordar que incluso los "buenos cristianos" no están exentos de la tentación. A menudo son los "buenos" niños, niños que dicen saber que el coito es un error, los que preguntan: "¿Hasta dónde puedo llegar con la sexualidad? Cuando se trata de la integridad sexual, la mayoría de las personas quieren un listado de los que se debe hacer y de lo que no se debe hacer. Lo que ellos realmente quieren saber es: "¿Qué tanto es permitido?"

Cual es la respuesta para: "¿Hasta dónde puedo llegar con la sexualidad?" Depende de su destino. El destino determina la ruta. Si usted quiere alcanzar el plan divino de Dios para su vida, entonces debería recordar 2da Timoteo 2:22: *"Huye también de las pasiones juveniles".*

Muchos adolescentes en la actualidad creen que cualquier relación, sin llegar al coito, está bien. Eso es un engaño. Es impresionante saber que vivimos en una sociedad donde las jóvenes son desafiadas por sus "amigas" a realizar sexo oral en la parte trasera de los buses escolares; aun más sorprendente darse cuenta que ellas lo están haciendo. ¿Podría esto ser porque la sociedad ha tratado de convencernos que el sexo oral no es "sexo como tal"?

CAMBIANDO LA MORALIDAD SEXUAL

En 1998, el presidente Bill Clinton declaró que él no había tenido relaciones sexuales con Mónica Lewinsky. Él dijo que el sexo oral no era técnicamente tener sexo. Aunque sus acusadores no quedaron convencidos con su argumento, desafortunadamente la gente joven lo creyó. De acuerdo a la edición del otoño de 1999 de la revista *Seventeen* (Diecisiete), de 723 chicos y chicas adolescentes, de edades entre 15–19 años, el 49 por ciento consideró el sexo oral inferior al coito; el 40 por ciento dijo que eso no contaba como sexo.

La sexualidad es un regalo de Dios para usted. ¡Usted debe protegerlo y luchar por su pureza! Ezequiel 23:3, dice: *"En su juventud fornicaron, Allí fueron apretados sus pechos, allí fueron estrujados sus pechos virginales"*. Efesios 5:3 enfatiza que los creyentes no deben permitir insinuaciones de inmoralidad sexual que plague sus vidas.

Aunque el sexo antes del matrimonio no es una opción bíblica para los cristianos solteros, algunos bordean las normas—caricias fuertes, besos franceses, bailes vulgares, caricias en los genitales, y, tener sexo con la ropa puesta. Si se encuentra en este grupo, usted va progresando en la dirección incorrecta. ¿Cómo espera usted sea el resultado final? No hay necesidad de que usted se frustre sexualmente. ¡Ni siquiera intente llegar a ese punto!

> La sexualidad es un regalo de Dios para usted. ¡Usted debe protegerla y luchar por su pureza!

Desafortunadamente, nuestra sociedad con frecuencia sostiene una doble norma que dice que los muchachos serán muchachos y que las muchachas deben discernir las tentaciones sexuales. Lo siguiente es una lista de siete cosas que los muchachos típicamente dicen a las muchachas para presionarlas a envolverse en actividades sexuales antes del matrimonio:

1. "Si realmente me amas, lo harías".
2. "Todo el mundo lo hace".
3. "Estoy tan excitado, no puedo detenerme".
4. "No quedarás embarazada".
5. "Si sales embarazada, me caso contigo".
6. "De todas maneras nos vamos a casar".
7. "Nadie se dará cuenta".

Si Satanás puede persuadir a las jovencitas sólo con creer una de estas mentiras, entonces él les habrá robado su pureza e integridad sexual. Debemos enseñar a nuestras hijas a conservar y guardar su virginidad. Debemos enseñar a nuestros hijos a respetar el sexo como algo sagrado que está reservado para el matrimonio. Las estadísticas muestran que el 42 por ciento de los adolescentes de 13–17 años, ven que tener un bebé fuera del matrimonio es algo moralmente aceptable.[*] Si no inculcamos en nuestros hijos e hijas lo bello y santo del sexo dentro del matrimonio, ¿quién lo hará? La presión para ir con la corriente de la multitud es mucho mayor que nunca. La necesidad de ser parte del grupo y que éste a su vez guste de ellos a cualquier precio les hará vivir una vida de lamentaciones.

> Es fácil hacer concesiones en las pequeñas cosas; sin embargo, éstas son más dañinas de lo que parece.

Aunque vivimos en un ambiente hostil externamente, debemos renovar constantemente nuestras mentes en la Palabra de Dios y guardar nuestros corazones del mal. Es fácil hacer concesiones en las pequeñas cosas las cuales, en realidad, son más dañinas de lo que parece.

[*] Linda Lyons, *Teens' Marriage Views Reflect Changing Norms*, The Gallup Organization, Noviembre 18, 2003.

No hay nada de malo con divertirse o querer ser atractivo para el sexo opuesto; no obstante, usted debe aprender a protegerse de las relaciones destructivas que nacen de la lujuria.

TENGA CUIDADO CON LAS SEÑALES SEXUALES

Damas, una de las áreas que usted debe evitar es llevar ropa sugestiva. La debilidad de todo hombre es el cuerpo de una mujer. Cuando se viste, usted sabe exactamente que clase de reacción y efecto tendrá en los hombres. Con la comida, se ha dicho que la presentación lo es todo; lo mismo es cierto para el cuerpo. Vestirse a la moda y atractivamente es diferente a vestirse de un modo que revele su cuerpo como si usted estuviera enviando una invitación sexual. Ciertamente las cosas han cambiado desde hace unos pocos años para acá. Ahora, no es extraño ver a mujeres cristianas paseando por la calle llevando una camisa corta y pantalones a la cadera, solamente para mostrar el anillo en su ombligo.

De la manera que usted se viste les enseña a las personas cómo tratarla. Usted le enseña al sexo opuesto cómo respetarla o cómo irrespetarla debido al atuendo que lleva puesto. Primera de Timoteo 2:9–10 enseña a las mujeres a *ataviarse de ropa decorosa, con pudor y moderación...sino con buenas obras, como corresponde a mujeres que profesan piedad*". Si esa voz interior le susurra: *La línea del cuello está demasiado baja, esa camisa está demasiada corta, o esos pantalones están muy ajustados,* usted debería escucharla. ¡Qué los redimidos del Señor se vistan decorosamente, no sólo lo digan!

Y, hombres, no permitan que sus ojos sean la puerta a la lujuria y a la carne. Es imposible evitar estar expuesto a todas las tentaciones que hay allá afuera, pero usted puede alejarse de las situaciones que pueden acarrearle problemas. Tenga cuidado con lo que usted ve en la TV y los sitios de

Internet que usted visita. Proteja su mente del acceso a imágenes inapropiadas. El sexo antes del matrimonio sólo parece estar libre de ataduras. Sin embargo, en la realidad, lo lleva a la adicción, a enfermedades de transmisión sexual, a embarazos no deseados, a problemas maritales y hasta la infidelidad.

El costo de pasar la luz roja de la sexualidad es muy alto. Usted debe balancear el poder externo de las hostilidades del mundo con una confianza interior de convicción moral y dedicación. Primera de Tesalonicenses 4:3 dice: *"Pues la voluntad de Dios es vuestra santificación; que os apartéis de fornicación"*. La palabra *apartar* significa "alejarse voluntariamente".

> **Usted puede medir qué clase de cristiano es usted por medio del costo que está dispuesto a pagar.**

Usted puede medir qué clase de cristiano es usted por medio del costo que está dispuesto a pagar. ¿Cuánto le cuesta su vida cristiana? Le cuesta vestirse modestamente. Le cuesta monitorizar algunos programas de TV, películas y música que escucha. Le cuesta perderse de lo que todos llaman diversión porque lo que están haciendo es violar su código de ética. Le cuesta decidir no ser popular con el sexo opuesto por todas las razones.

Vivimos en una ciudad donde cualquier cosa es permitida. Quiero hacerle una pregunta. ¿Se encuentra usted haciendo cosas que siente la necesidad de ocultar? (Véase 1ra Juan 1:6). Si usted está ocultando algunas cosas a sus padres, cosas como notas amorosas, libros o películas de las que a usted le sería embarazoso hablar en la iglesia, entonces usted está entrando en las tinieblas al hacer cosas de las que usted se avergüenza en la luz.

DIOS REDIME Y RESTAURA

Quizás usted ya se siente como mercancía dañada por las cosas que usted ha hecho en su pasado. Usted se siente que ningún hombre o ninguna mujer respetable de Dios le querrán. Puede que usted sienta que tiene que dar a los hombres lo que ellos quieren, o nadie querrá salir o casarse con usted. Puede que usted haya caído en la tentación y ahora no sabe cómo una muchacha "pura" lo aceptará.

Yo le aseguro que Dios ha destinado a alguien para que le ame a usted. Descanse seguro que él o ella viven y respiran ahora mismo en algún lugar de este planeta. Él o ella van a amar a Dios y a usted apasionadamente. Su trabajo es sólo confiar en Dios y desde este día en adelante guardarse solamente para ese alguien especial que Dios le enviará.

¡Dios es casamentero! Cuando Él ata el nudo en una relación, esa se mantendrá—si usted no suelta el nudo. Eclesiastés 4:12 dice que una cuerda de tres dobleces no se rompe fácilmente. Usted no puede darse el lujo de tener una cuerda de dos dobleces, la cual es una relación de compromiso del uno para con el otro. Usted debe tener una relación de tres dobleces: usted, su cónyuge y Dios entrelazados en una relación de amor.

De acuerdo con la Biblia: *"Hay eunucos que a sí mismos se hicieron eunucos por causa del reino de los cielos"* (Mateo 19:12). Ser eunuco es ser sexualmente inactivo. Usted puede alcanzar el ser soltero inactivo sexualmente por años en una de estas tres maneras: usted puede ser un refunfuñón, un agarrador o un asiduo.

¿Refunfuña usted todo el tiempo porque no está casado, o, dependiendo de su edad, porque no tiene citas amorosas tanto como piensa que debería tener?

¿O es usted un agarrador? Usted agarrará a cualquiera con el que pueda comprometerse en matrimonio sin importarle la reputación de esa persona. Usted está como la solterona que oraba bajo un árbol pidiéndole a Dios un esposo, cuando ella oyó a un búho en el árbol que decía: "¡Quién... quién...!" Ella contestó: "¡Cualquiera, Señor. Cualquiera será bueno!"

¡No puede ser cualquiera! No sea un refunfuñón ni un agarrador—sea un asiduo. Éste es alguien que se aferra firmemente al propósito de Dios. Dios dijo que no era bueno que el hombre estuviera solo, por tanto, como está destinado, es Su voluntad que usted se case. Usted puede preguntarse: "¿Y qué del apóstol Pablo?" Él fue soltero, sí, pero a menos que usted se haya entregado por completo a la obra de Dios al punto de no tener deseos de estar

> Si usted espera en Dios y se conserva puro, Él le traerá su pareja cuando llegue el momento correcto.

casado, entonces Dios tiene a alguien para usted cuando llegue el momento correcto. Puede que usted no lo entienda ahora, pero el tiempo de Dios es perfecto.

Para el hombre o la mujer que contemplan el matrimonio, yo les podría preguntar: "¿Cuáles son sus sueños? ¿Qué metas han establecido para alcanzar antes de su matrimonio?" Usted necesita aferrarse firmemente a los propósitos de Dios para su vida. Usted necesita emplear este tiempo de espera como un tiempo de preparación. Si usted es media persona, atraerá a una media pareja. Deje de atraer las mitades y comience a atraer lo completo. ¡Todo es en Su tiempo! Use este tiempo a solas para aferrarse al plan de Dios para su vida. ¿Tiene usted una maleta emocional que necesita desempacar? ¿Tiene sus finanzas en orden? Aproveche este tiempo para prepararse para el matrimonio.

Nótese dos cosas del primer matrimonio en Génesis. Primero, Dios sabía que clase de compañera necesitaba Adán; y, segundo, fue Dios quien llevó a Eva ante Adán. No es poco realista creer que si usted espera en Dios y se conserva sexualmente puro, Él le traerá la pareja correcta cuando llegue el momento correcto. No pierda su valioso tiempo hasta entonces.

Hace varios años, en Knoxville, Tennessee, hablé a 24,000 adolescentes. El mensaje que prediqué llegó a ser uno de los que más me han solicitado. Lo titulé: "¡Mantenga puesta su ropa interior!" Éxodo 28:42–43 nos dice que los sumos sacerdotes que venían ante la presencia de Dios debían llevar: "*Y les harás calzoncillos de lino para cubrir su desnudez; serán desde los lomos hasta los muslos*" (versículo 42). Debajo del vestido blanco, al sacerdote se le ordenaba llevar "puesta su ropa interior". No importa cuan religioso parecía el sacerdote en su vestimenta exterior, si debajo de su indumentaria religiosa no tenía sus calzoncillos de lino puestos, entonces Dios no le permitiría vivir en Su presencia (Véase Éxodo 28:43). O sea que el sacerdote debía tener integridad sexual en su vida privada.

> Hay intimidades reservadas para la amistad, para el noviazgo y algunas solamente para el matrimonio.

Externamente, muchas personas han perfeccionado su imagen religiosa. Lucen de una manera en lo exterior, pero, en privado ellos son totalmente diferentes. Primera de Samuel enseña: "*Pues el hombre mira lo que está delante de sus ojos, pero Jehová mira el corazón*" (1 Samuel 16:7). Si usted quiere vivir en la presencia de Jehová y tener Su favor en su vida, entonces usted debe "¡Mantener puesta su ropa interior!"

Yo esperé hasta que tuve veinticinco años para casarme. Yo era virgen y mi esposa era virgen. No haga caso a los engaños de Satanás cuando le dice que no es posible permanecer sexualmente puro hasta el matrimonio. Los dos nosotros éramos vírgenes. Hoy tenemos cinco hijos; obviamente, ¡nos hemos puesto al día por todos esos años de abstinencia!

Cuando Cherise y yo empezamos nuestro noviazgo, no tardó mucho tiempo cuando comenzamos a cumplir las Escrituras: *"Saludaos los unos a los otros con ósculo santo"* (Romanos 16:16). Se convirtió en nuestro versículo favorito. A medida que nuestra relación progresaba, nos enamoramos profundamente. Después que nos comprometimos, sentimos la necesidad de cumplir con otro pasaje tan pronto como fuera posible: *"Pues mejor es casarse que estarse quemando"* (1ra Corintios 7:9). Incluso adelantamos la fecha de la boda.

Naturalmente, cuando usted comienza a salir con alguien, la relación se desarrolla y habrá diferentes intimidades reservadas para cada etapa de la relación. Entienda que hay algunas intimidades reservadas para la mistad, otras para el noviazgo y otras solamente para el compromiso matrimonial. Por su puesto que la relación sexual está reservada solamente para el matrimonio.

Entiendo que usted no va a acercarse a alguien y decirle: "Hola, Roberto. Yo me llamo Juana. Casémonos dentro de seis meses. Te veré en el altar". Primero, usted pasa por un vínculo y proceso de crecimiento. De lo que debe guardarse es de permitir un nivel de intimidad que no está sexualmente legitimado para ser cruzado hasta no llegar a una relación pertinente.

Primera de Tesalonicenses 4:3–6 dice:

Pues la voluntad de Dios es vuestra santificación; que os apar-
téis de fornicación; que cada uno de vosotros sepa tener su propia
esposa en santidad y honor; no en pasión de concupiscencia,
como los gentiles que no conocen a Dios; que ninguno agravie ni
engañe en nada a su hermano [o hermana].

Pablo estaba diciendo que usted no debe alimentar las pasiones sexuales en otra persona que usted no pueda satisfacer correctamente. Yo sé que cuando usted ama a alguien y planea casarse y vivir con ella para el resto de su vida, es duro marcharse cuando el deseo en ambos es fuerte. Pero créame, se puede lograr.

¿Por qué debería usted mantener su pureza sexual?

1. *Para no deshonrar el nombre de Jesús.*

Sansón cayó en pecado sexual y los filisteos se burlaron de su Dios (Véase Jueces 16:23–25). Cuando ponemos en tela de duda nuestra integridad sexual, arrastramos al lodo el sagrado nombre de Jesús. Todos nosotros hemos visto como sucede esto, particularmente cuando la falla moral se ve en el clero.

2. *Para que su testimonio no sea desacreditado.*

Este pecado invalida su testimonio ante todas las personas a quienes usted les ha testificado. Éste desacreditará su testimonio porque lo que usted estaba ofreciendo no funcionó.

3. *Para que usted no contraiga enfermedad transmitida sexualmente.*

En la actualidad, no solamente los predicadores están predicando sobre la abstinencia, sino que doctores y expertos de salud están advirtiendo que las múltiples parejas sexuales puede costarle a usted su vida—¡o la de su ser querido!

Si en algún punto usted discierne una alarma que se activa en su espíritu diciéndole: *¡Cuidado! Esto no está correcto,* mejor escúchela. Dios puso ese radar allí. Puede ser que usted lo haya ignorado en el pasado, pero de ahora en adelante, usted debe prestarle atención.

No ignore repetidamente la voz del discernimiento dentro de usted, o usted puede llegar a ser insensible al peligro real. Recuerde, nadie puede guardar su pureza sexual sino usted mismo. El defender su virginidad es su responsabilidad.

Quiero hacer hincapié en el hecho de que si usted es soltero y sexualmente inactivo, ¡no es porque sea una rareza! Si usted quiere ser el mejor dentro de la voluntad de Dios, ¡Él le enviará a usted lo mejor!

¿Cuántas veces ha leído usted aquellos infames letreros en las cajas de los supermercados? "¡Aprenda a complacer a su hombre!" "¡Pierda peso en diez días!" "¡Sea feliz!" Y así sucesivamente, los medios de comunicación usan "métodos seguros" para ayudar a las mujeres a llegar a ser más felices, más fuertes y más exitosas en la vida. Millones de dólares se gastan en anuncios dirigidos específicamente a las mujeres que se sienten menos adecuadas en una o más áreas de sus vidas. Yo no tengo problemas con las revistas que promueven buena salud o mejoría en el estilo de vida de las mujeres. Lo que me disgusta es el hecho de que tantas mujeres no están hallando la verdad de lo que ellas son y de lo que ellas poseen.

La belleza es buena y muy apreciada por los hombres. Doy gracias a Dios que tengo una bella esposa; pero, lo más importante que le agradezco a Dios es tener una esposa con discernimiento. La belleza real viene desde dentro, así como la felicidad real viene desde dentro. Proverbios 31:10 hace la pregunta: *"Mujer virtuosa, ¿quién la hallará? Porque su estima sobrepasa largamente a la de las piedras preciosas".* Su esposo puede confiar plenamente en ella. Ella le hará bien y no mal a él todos los días que ella viva (Véase Proverbios 31:11–12).

Damas, para que ustedes puedan alcanzar todas las cosas que ustedes desean—belleza, salud, felicidad, éxito y buenas relaciones—ustedes deben saber la verdad de cómo lograr estas cosas. No es por tener la última talla de vestido o aprender cómo agradar al hombre. No. La manera de lograr todo lo que ustedes desean es convertirse en la mujer que Dios quiere que usted sea. Enfóquese en adorarlo a Él.

Caballeros, lo que está en el interior es mucho más importante que lo que está en el exterior. La belleza es vana; ella se desvanecerá, pero la belleza interior de una mujer que discierne vivirá por siempre. Ella dejará un legado inmenso cuando se haya ido. *"Se levantan sus hijos y la llaman bienaventurada; y su marido también la alaba... Engañosa es la gracia, y vana la hermosura; la mujer que teme a Jehová, ésa será alabada"* (Proverbios 31:28,30).

Capítulo catorce

Usando el discernimiento para ganar a su familia

Cree en el Señor Jesucristo,
Y serás salvo, tú y tu casa.
—Hechos 16:31

¿Alguna vez ha notado que hay más mujeres que varones en la iglesia? Más y más mujeres se ven en la necesidad de convertirse en líderes espirituales de sus hogares. Con más frecuencia es la esposa la que primero encuentra a Dios; posteriormente, se espera que el esposo siga sus pasos espirituales. Es un caso raro cuando el esposo siente un ardiente deseo por Dios y la esposa decide quedarse en casa.

¿Qué hace usted cuando usted tiene una experiencia con Dios antes que lo haga su cónyuge?

En Jueces 13, leemos de un caso de incompatibilidad marital, paternal y espiritual. El padre de Sansón, Manoa, era una persona pasiva, tranquila y discreta. El nombre *Manoa* significa "descanso". No hay nada malo con un hombre sereno que tiene un temperamento calmado. Sin embargo, este pasaje indica que él era una persona reservada y tranquila en lo que concierne a las cosas espirituales.

La esposa de Manoa es una de esas mujeres sin nombre del Antiguo Testamento. Todo lo que sabemos de ella es que ella era estéril y no tuvo hijos por un largo período de tiempo hasta que un ángel de Jehová se le apareció, no a Manoa, sino a ella. Dios le informó a ella que iba a tener un hijo y le dio instrucciones de criar al niño conforme al voto nazareo—una vida disciplinada con normas estrictas de dieta e higiene (Véase Jueces 13:3–4).

Es significativo que el ángel se apareciera, no a Manoa, sino a su esposa. El ángel le informó a ella directamente, en vez de hacerlo a través de su esposo.

¿Cómo debería una mujer manejar la situación cuando Dios le habla a ella primero? ¿Qué hace usted cuando su esposo es tranquilo y reservado en las cosas espirituales y usted no? ¿Qué hace usted cuando está emocionada por Jesús, la iglesia y la Palabra de Dios, pero él raras veces va a la iglesia o discute sobre los asuntos espirituales? Es duro cuando usted viene a casa de la iglesia, emocionada por lo que el Señor está haciendo en su vida, mientras su esposo está roncando en el sillón, salió de cacería o está viendo los deportes en la TV.

La incompatibilidad espiritual es un problema real para muchas parejas. Afecta las relaciones en todos lo niveles. Es un área de gran prueba para muchos matrimonios, y una mujer inteligente debe saber cómo manejar este desafío.

Incita al celo espiritual

La esposa de Manoa es un ejemplo perfecto de una mujer cuyo matrimonio era incompatible en diferentes niveles. Ella tuvo un encuentro espiritual con Dios antes de que su esposo lo tuviera. Entonces, el ángel de Jehová le dio a ella las instrucciones específicas de cómo criar a su hijo, Sansón. Manoa y su esposa experimentaron la incompatibilidad paternal y espiritual.

Sansón iba a ser criado nazareo. El voto nazareo era un acto de consagración. La persona que tomaba este voto tenía que evitar todo lo que proviniera del viñedo (nada de vino), no podía tocar ninguna cosa muerta y no debía cortarse el cabello hasta que se disolviera el voto. Este niño debía ser apartado y aislado para el servicio de Dios. Él iba a tener un estilo de vida restringido que requería de gran disciplina. Para criar un hijo de acuerdo con el voto nazareo, el padre y la madre, tenían que estar completamente comprometidos. Tan segura como lo estaba la esposa de Manoa de lo que Dios les estaba diciendo a ambos, Manoa fue dejado en la oscuridad (Véase Jueces 13:2–24).

¿Cómo haría usted para criar hijos que vivan para Dios cuando sus papás no viven para Dios? Esta mujer tendría un hijo que ella quería apartar para el llamado de Dios, pero el padre no estaba consciente de la voluntad de Dios.

En vez de actuar independientemente o maniobrar para que su esposo hiciera lo que se requería, ella fue paciente con su esposo hasta que Manoa finalmente elevó una oración poderosa:

Ah, Señor mío, yo te ruego que aquel varón de Dios que enviaste, vuelva ahora a venir a nosotros, y nos enseñe lo que hayamos de hacer con el niño que ha de nacer.

(Jueces 13:8)

¿Cómo haría usted para criar hijos que vivan para Dios cuando sólo uno de los padres es creyente? La esposa de Manoa nos da un magnifico ejemplo. Ella no llegó de mal genio a su esposo; ella no se salió de su aposento solamente porque su esposo no compartía su fe. Ella no fastidió a su esposo o lo comparó con el esposo "la fulana", que es tan espiritual. Ella simplemente comunicó lo que Dios le dijo a ella, tan duro como debe haber sido, ella esperó hasta que Dios le hablara a él.

¿Qué le hace pensar a usted que Dios no puede hablarle a su esposo? No me importa si él tiene algodón en las orejas. No me importa si se emborracha o se droga, Dios puede hablarle a él.

Permítame animarle a elevar esta oración:

Dios, yo sé que él no es espiritual ahora, pero háblale. Él necesita saber cómo criar a nuestros hijos, así que, háblale. Dios, como sacerdote de nuestro hogar, necesito que él me cubra espiritualmente. Háblale en su trabajo o mientras duerme. Háblale en su auto o en la bañera. Háblale por medio de circunstancias y por medio de otras personas. Pero por favor ¡háblale!

La esposa de Manoa tuvo una asombrosa revelación de cómo Dios quería usar a su hijo, pero su esposo no tenía la más mínima idea. Cuando ella le contó lo que el ángel le había dicho, él quiso tener la misma experiencia que ella había tenido. Hubo algo en esta mujer que provocó en su esposo un celo espiritual. Ella no lo provocó a ira, ni hizo que su encuentro con Dios provocara en él frustración. Si ella se hubiera lamentado y quejado, y, siempre hubiera estado descontenta, ¿por qué Manoa hubiera querido alguna parte de eso? Al contrario, ella vivió su fe de tal manera que provocó en su esposo celo espiritual—él anhelaba lo que ella tenía.

> Ella vivió su fe y esto provocó en su esposo anhelar lo que ella tenía.

El celo espiritual, inspirado por la vida de discernimiento que su esposa presentaba ante él, encendió el fuego en Manoa por tener la misma relación espiritual con Dios de la que gozaba su esposa. Viva su vida de tal manera que su esposo querrá tener lo que usted tiene. Permítale observar cuán amablemente lo trata usted a él, cuando usted pudo haberlo avergonzado o cortado. Una vida santa producirá las más profundas impresiones.

En 1ra Corintios 7, Pablo dio un consejo a los creyentes cuyos cónyuges no están a su mismo nivel espiritual:

Y a los demás yo digo, no el Señor: Si algún hermano tiene mujer que no sea creyente, y ella consiente en vivir con él, no la abandone. Y si una mujer tiene marido que no sea creyente, y él consiente en vivir con ella, no lo abandone. Porque el marido incrédulo es santificado en la mujer, y la mujer incrédula en el marido; pues de otra manera vuestros hijos serían inmundos, mientras que ahora son santos. Pero si el incrédulo se separa, sepárese; pues no está el hermano o la hermana sujeto a servidumbre en semejante caso, sino que a paz nos llamó Dios. Porque ¿qué sabes tú, oh mujer, si quizá harás salvo a tu marido? ¿O que sabes tú, oh marido, si quizá harás salva a tu mujer? (versículos 12–16)

Viva su vida de tal manera que su esposo quiera:

- Sentir el calor de su dulce espíritu
- Ver el gozo del Señor en su vida
- Sentirse amado a medida que usted vierte respeto y honor en él

CASÁNDOSE CON LA ILUSIÓN

El mundo real del matrimonio no siempre es de duraznos y crema. El problema es que nos casamos con las ilusiones. Al parecer Dios tiene un sentido del humor porque Él no siempre nos da la ilusión que queremos. Por ejemplo, usted miró a ese hombre antes de que se casara con él y se lo imaginaba asistiendo a la iglesia con usted, llevando la Biblia en sus manos y guiando a los niños en los devocionales familiares—tan maravilloso, espiritual y sensible.

Pero después de la luna de miel, la única vez que él va a la iglesia con usted es cuando alguien está *incubado* (dedicación de bebé), *emparejado* (boda) o *despachado* (funeral). Él un cristiano NP—de navidad y pascua solamente.

Los hombres suelen casarse con ilusiones también. Usted se imagina llegando a casa después del trabajo para ver a su bella esposa esperándolo frente a la puerta con sus zapatillas de dormir y vestido de seda.

Ella le pregunta: "¿Cómo te fue el día, cariño?"

> Usted debe ir más allá del romance a la responsabilidad, más allá del sexo a la sensibilidad.

Usted contesta: "Fue una tortura".

Luego ella le dice: "Bésame, tontito", mientras cae entre sus brazos y empiezan a quitarse la ropa.

Agradable fantasía, pero no es la vida real.

Otra ilusión es la ilusión física. Se dice que el amor es ciego, entonces usted no ve ninguna falla mientras están de novios. Pero pocos años después casados, usted comienza a notar todas sus imperfecciones físicas. Su barriga le cuelga sobre el cinturón, él eructa después de las comidas y ronca en la cama. O su esposa, que una vez fue perfecta, como modelo de trajes de baño, tiene empacadas algunas libras, ella no siempre lleva maquillaje y no se arregla el cabello y también ¡ronca terriblemente!

Usted mira fijamente a la persona que está acostada a su lado y se pregunta: *¿Por qué me casé?*

Después que los violines dejaron de tocar y las burbujas han explotado en el jacuzzi en forma de corazones, algunas veces usted siente un verdadero dolor a la mañana siguiente. Su matrimonio no siempre será de éxitos como en la novela *Los Días de Nuestras Vidas.* Estos son los "días de su vida", cuando usted debe ir más allá del romance a la responsabilidad, más allá del sexo a la sensibilidad. Es aquí cuando la autopista puede ensuciarse con los incidentes que llegan al matrimonio sin que ellos se den cuenta plenamente a lo se estaban metiendo.

> Si no quiere enfrentarse a la devastación del divorcio, usted debe hacer que su matrimonio funcione.

Usted no se casó con una estrella de Hollywood. Esto es un hombre o mujer real, desde la coronilla de la cabeza hasta la planta de los pies. Talvez él no sea el Príncipe Azul. Talvez ella no sea la Bella Durmiente. Puede que él no sea tan espiritual o romántico como usted quisiera, ¡pero es suyo! Ella puede no ser como su madre en la cocina o su fantasía en la cama, ¡pero es suya! Si usted no quiere enfrentarse a la devastación del divorcio, usted debe hacer que su matrimonio funcione.

Damas, ya no quedan muchos hombres buenos—¡mejor concéntrese en el que ya tiene! Usted no puede leer las revistas *Esquire* o *Cosmopolitan* y ganar esta batalla. Ophra no puede decirle a usted cómo tener un matrimonio exitoso porque ella misma nunca ha estado casada.

Caballeros, probablemente no haya una larga fila de mujeres esperando agradarle a usted con sus presencias. Aprecie a la persona que está a su lado, la persona que lo vitorea.

Damas, hay algunas cosas que ustedes no deberían hacer en público. No me importa cuanto DAD [desorden de atención deficiente] tenga él, no me importa si metió toda la pata, no lo avergüence o menosprecie públicamente. Si él confunde las palabras y comete errores, colóquese justo a su lado y sonría como si él no cometiera ningún error. Después, en la privacidad de su casa o en el auto, usted puede discutir lo que ocurrió si siente la necesidad de hacerlo.

Caballeros, su esposa es un reflejo de usted mismo. El rostro de ella será el reflejo de cómo usted la trata. Trátela con irrespeto, desdén y afrenta y eso será lo que ella mostrará. Atesórela como su reina, y su reina será. Usted no puede maltratarla en casa y esperar que ella brille en público. Ella no es tan buena actriz.

Discerniendo la intimidad

Algunos piensan que ser cristiano quiere decir que debemos sentirnos ofendidos por cualquier tema sexual. Muchos hombres no salvos resienten a la iglesia porque vuelve a sus esposas en una "dama de iglesia" más santa que cualquiera. Antes que ellos fueran salvos, el matrimonio y el sexo eran maravillosos. Ella se ponía lencería rosada para ir a la cama y el sexo era ¡maravillosamente creativo! Pero ahora que ha nacido de nuevo, ella se pone batas de abuela y duerme con la Biblia sobre el pecho. Cuando él hace insinuaciones, ella le dice, con voz de vidrio, con voz religiosa: "No toques a la ungida de Dios".

Eso puede ser una imagen divertida; no obstante, cuando es hora de intimar en su matrimonio, si está acostada hablando en lenguas, él se preguntará: *¿Qué le ha hecho esa iglesia a mi esposa?*

Haga que él se ponga celoso de su espiritualidad, no que lo resienta. Por mucho tiempo la iglesia ha sido un asilo para mujeres descontentas cuyas vidas están fuera de balance. Dios creó el sexo para el matrimonio.

Las parejas casadas aprenden como agradarse mutuamente. Solteros aprendan como agradar al Señor. Si usted está casado, gran parte de agradar a Dios está en que usted ministre a su cónyuge.

Las Escrituras dicen: *"No os neguéis el uno al otro, a no ser por algún tiempo de mutuo consentimiento, para ocuparos sosegadamente en la oración; y volved a juntaros en uno, para que no os tiente Satanás a causa de vuestra incontinencia"* (1ra Corintios 5:7). Eso quiere decir que la relación sexual debe ser tan frecuente que usted solamente se abstiene del sexo por un corto tiempo, para ayunar y orar. Luego, tan pronto como el ayuno termina, ¡debe volver a sus asuntos! La consistencia es importante. No le de a Satanás una oportunidad de tentarlo a usted con la infidelidad.

Su asignación en el matrimonio

Cuando usted y su cónyuge son espiritualmente incompatibles, es fácil frustrarse y acumular amargura y resentimiento. Si usted se envuelve en los brazos de él en vez de voltearse hacia la pared, o si usted le cocina su comida favorita cuando él menos la merece, entonces usted está plantando semillas en su corazón que harán que él desee lo que usted obtuvo espiritualmente. La esposa de Manoa decidió hacer que su matrimonio funcionara aunque ella y su esposo eran espiritualmente incompatibles.

Lo que ella deseaba era que Dios le mostrara a su esposo su asignación—Su propósito eterno para que esta pareja se mantuvieran juntos. Dios quería que ellos criaran a Sansón como el campeón que liberaría al pueblo de Dios.

Cada matrimonio tiene una asignación. Dios no los unió a ustedes sólo para que tuvieran sexo, para hacer el pago de la casa y tener un garaje para dos autos. Cuando usted entra en el reino de Dios, usted recibe una asignación. Sus hijos tienen una asignación divina y el enemigo quiere revocarla. Es por esto que el divorcio es tan devastador; ya que no solamente afecta a los cónyuges, sino que destruye la asignación de Dios para toda la familia.

Es duro llegar a casa para encontrar a un hombre no espiritual. Es duro criar a sus hijos de acuerdo a la Palabra de Dios cuando su cónyuge no es salvo. La esposa de Manoa nos muestra que cuando usted vive con un hombre que no es espiritual, usted puede provocar en él un hambre espiritual.

> Algunas veces el discernimiento quiere decir guardar silencio hasta que Dios le dé la oportunidad de hablar.

Finalmente, el ángel de Jehová se le apareció a Manoa también. Después de esta visita, él fue a su esposa y pidió más instrucciones. Si su cónyuge no es salvo, no le hable de cosas espirituales todo el tiempo. Algunas veces el discernimiento quiere decir que debe guardar silencio hasta que Dios le dé la oportunidad de hablar. En el momento correcto, Dios le dará a usted la oportunidad para hablar. Cuando la puerta se abra, entre tranquilamente. *"La mujer sabia edifica su casa; más la necia con sus manos la derriba"* (Proverbios 14:1).

Salmos 68:6, dice: *"Dios hace habitar en familia a los desamparados; saca a los cautivos a prosperidad"*. La palabra *desamparado* significa "solitario" (LBLA), en referencia a un diamante sencillo, a una joya preciosa. En otras palabras, yo creo que Dios pasa sobre las familias y Él encuentra en cada familia un diamante sencillo y solitario. Él soberanamente toma a un miembro de la familia para libertar a aquellos atados con cadenas espirituales.

¿Sabe por qué Dios lo salvó a usted primero? Usted es Su cabeza de playa—el punto de entrada de Dios, la puerta de Dios—a través de quien Él alcanzará a todo el resto de su familia.

Manoa y su esposa criaron a Sansón. Ellos completaron la asignación de Dios para su familia. Sansón creció y llegó a convertirse en un poderoso libertador del pueblo de Dios.

Hace más de diez años, mi asistente personal, Susan, fue la primera y único miembro de su familia en nacer de nuevo. Durante dos años, ella asistió a la iglesia sola. Cada domingo después del servicio, ella llegaba a casa para encontrar a su esposo e hijo de veinte años, quienes no compartían su fe. Su esposo Alan, era un buen hombre y buen proveedor. Él no estaba interesado en las cosas espirituales. El domingo era su día para tomar cerveza y jugar golf.

Con frecuencia, Susan, dejaba la atmósfera de alabanza y adoración en la iglesia y se iba a casa a ver a su esposo e hijo, quienes eran totalmente no espirituales. Muchas noches llorando se quedaba dormida, ella se preguntaba si su familia algún día sería salva y compartiría con ella su fe.

Después de dos años de venir sola a la iglesia y ser la única en el hogar viviendo para Dios, el Espíritu Santo empezó a hablarle acerca de cómo ganar a su esposo. Él la desafió a controlar su lengua. A medida que empezó a mostrarle a Alan respeto, honor y amor incondicional, poco a poco el corazón de Alan empezó a ablandarse.

Ella oraba por él todos los días, recitando Efesios 1:17–18:

Para que el Dios de nuestro Señor Jesucristo, el Padre de gloria, os dé espíritu de sabiduría y de revelación en el conocimiento de él, alumbrando los ojos de vuestro

*entendimiento, para que sepáis cuál es la esperanza a que
él os ha llamado, y cuáles las riquezas de la gloria de su
herencia en los santos.*

Ella se lo estaba ganando sin una palabra. Su espíritu
gentil y amable era testimonio para él.

A medida que Alan observaba el cambio en su esposa, él
comenzó a asistir a la iglesia con ella un mes de septiembre.
Aunque él no se convirtió inmediatamente, asistía todos los
domingos con Susan a la iglesia.

Tracy, su hijo de veinte años, observaba que su padre
semana tras semana iba a la iglesia con su madre. Para los
primeros días de octubre, Tracy decidió echar un vistazo a la
iglesia. Ese domingo por la mañana Tracy se encaminó por el
pasillo, nació de nuevo y fue lleno del Espíritu Santo.

Unas pocas semanas más tarde, a finales de octubre, yo
prediqué un sermón ilustrado, donde a Tracy le tocaba uno de
los personajes. Cuando hice el llamado al altar esa mañana,
Alan se encaminó por el pasillo y fue gloriosamente salvo, y,
lleno del Espíritu Santo.

Dios tenía una asombrosa asignación para esta familia.
Tracy empezó a demostrar extraordinarios dones de liderazgo.
Varios años más tarde llegó a ser el pastor de niños en nuestra
iglesia. Ahora él ministra a más de mil niños cada semana. Él
ha sido instrumento para ayudarme a alcanzar a decenas de
miles de adolescentes, ayudándome con los sermones ilustra-
dos.

A través de los años, Satanás había tratado de convencer
a Susan que su familia nunca sería salva, pero esta mujer de
discernimiento se mantuvo orando por ellos y dándoles amor.
Ella fue paciente y bondadosa con su esposo. Ella sabía que
Dios tenía una asignación para su familia y ella no cesaría
hasta que Dios se lo concediera.

En la actualidad, ella está a tiempo completo en el ministerio como mi asistente personal. Su hijo, Tracy, está a tiempo completo en el ministerio como pastor de niños de *Free Chapel* (Capilla de Libertad). Su esposo, Alan, es uno de los más grandes cristianos que conozco. ¿Qué tal si Susan se hubiera dado por vencida?

¿Qué asignación revocará usted si da por vencida a su familia? Hechos 16:31, dice: *"Cree en el Señor Jesucristo, y serás salvo, tú y tu casa"*.

Dios le ha puesto a usted como un diamante solitario en su familia para que la liberte de esas ataduras con cadenas. Al igual que la esposa de Manoa, usted verá cumplida la asignación de Dios para su familia.

Capítulo quince

Una vida que vale la pena recordar

*Esta ha hecho lo que podía; porque se ha anticipado
a ungir mi cuerpo para la sepultura. De cierto
os digo que donde quiera que se predique
este evangelio, en todo el mundo,
también se contará lo que ésta
ha hecho, para memoria de ella.*
—Marcos 14:8–9

Pregúntese a sí mismo: De aquí a cien años, ¿importará que yo haya nacido? ¿Las cosas por las que vivo son dignas de la muerte de Cristo?

En el *Guinness Book of Worlds Records* (Libro Guinness de Records Mundiales), leí que un hombre comía vidrios, metales y madera. Ya se había comido diez bicicletas, un carrito de supermercado y siete aparatos de televisión. Pero la razón más sorprendente por la que siempre será recordado es que se comió un avión liviano marca Cessna, después de pulverizarlo y mezclarlo con su alimento. Es así como él pasó los quince minutos más famosos de su vida.

Imagíneselo un día ante Dios. El Señor le pregunta, en voz de barítono: "¿Que hiciste con tu vida?"

Su única respuesta será: "¡Me comí un avión!"

¿Cómo será recordado usted? ¿Qué clase de legado le deja a su familia?

¿QUÉ PUEDE HACER USTED?

Los evangelios cuentan de una mujer que vivió una vida digna de recordar. Jesús se encontraba cenando en la casa de Simón, el leproso, cuando una mujer se le acercó con un frasco de alabastro de perfume carísimo. Ella rompió el frasco y lo derramó sobre la cabeza y pies de Jesús. Tiernamente, ella enjugaba el perfume de Sus pies con sus cabellos, llorando mientras lo hacía. Jesús, consciente de lo que estaba por venir, lo aceptó como la unción para Su funeral (Véase Mateo 26:6–13; Marcos 14:3–9; Lucas 7:36–48).

Los otros que estaban presentes, incluyendo a los discípulos, estaban molestos por esto. Alguien cuestionó el gasto del perfume caro cuando podía haber sido vendido y el dinero dado a los pobres.

En Lucas, se dice que ella *"estando detrás de él a Sus pies, llorando, comenzó a regar con lágrimas sus pies, y los enjugaba con sus cabellos; y besaba sus pies, y los ungía con el perfume"* (Lucas 7:38). En sólo ese versículo hay una lista de cinco cosas que ella hizo por Jesús y todas ellas relacionadas con Sus pies.

- Ella se puso a los pies de Jesús.
- Ella lavó los pies de Jesús.
- Ella secó Sus pies con sus cabellos.
- Ella besó Sus pies.
- Ella ungió Sus pies.

Jesús fue conmovido por la apasionada adoración de esta mujer al punto que Él la inmortalizó para siempre. *"De cierto os digo que donde quiera que se predique este evangelio, en todo el mundo, también se contará lo que ésta ha hecho, para memoria de ella"* (Marcos 14:9).

> **Dios nunca le pedirá hacer lo que usted no puede hacer.**

Su vida vino a ser recordada no por las cosas que ella no pudo hacer, sino por el hecho que *"ella [hizo] lo que podía"* (Marcos 14:8). Dios nunca le pedirá hacer lo que usted no puede hacer. Si Él le pide algo, eso quiere decir que Él ya puso en usted la capacidad para realizar lo que Él le está pidiendo. No insulte a Dios diciéndole a Él que usted no puede hacerlo.

Esta mujer no sólo hizo lo que pudo, sino que también lo hizo enfrentándose a las críticas. Esa tarde, el huésped de Jesús, un fariseo, dijo: *"Este, si fuera profeta, conocería quién y qué clase de mujer es la que le toca, que es pecadora"* (Lucas 7:39).

Imagínese la vergüenza que ella sintió, mientras lavaba los pies de Jesús, otros en la sala la llamaban pecadora. Esto no era nuevo para ella. Ella lo sabía. ¿No es asombroso cuántas personas lo criticarán cuando usted comience a hacer algo por Jesús? Sus críticos la atacaron. La acusaron: "Lo que estás haciendo es en vano". Aun así, ella hizo lo que pudo.

Fortaleza en el quebrantamiento

En el año 1950, Paul Anderson era el hombre más fuerte del mundo. Él era capaz de cargar sobre sus espaldas 6,270 libras.

Una vez le preguntaron: ¿Alguna vez fue usted un delgaducho de noventa libras?

Él contestó: "Sí, cuando tenía cuatro años de edad".

Un día en la iglesia, mientras escuchaba el testimonio de un hombre cuadripléjico, Paul fue movido a entregar su vida a Cristo.

¿Qué tal? El hombre más fuerte del mundo fue ganado para Cristo por uno considerado estar entre los más débiles. Dios utilizó al hombre más débil que Él pudo encontrar, pero que estaba dispuesto a hacer lo que podía.

Para que Dios lo use, usted tiene que pasar la prueba de la alabanza y la prueba de la crítica. ¿Cómo puede pasar estas pruebas? Usted aprende entregarle a Dios la alabanza y la crítica recibida. Jesús inmortalizó a esta mujer por su derroche de adoración. Él fue conmovido cuando ella rompió la vasija de alabastro de aceite carísimo para ungir Su cabeza y pies.

"Pero tenemos este tesoro en vasos de barro" (2da Corintios 4:7). Usted y yo somos los vasos de barro y el tesoro interno es nuestra adoración a Dios. Si las personas van a conocer de su amor por Él, entonces debe haber quebrantamiento. Así como la vasija de alabastro fue rota, nosotros también debemos ser quebrantados para ofrecer alabanza a Él. Muchas personas nunca vivirán una vida que valga la pena recordar porque no están dispuestos a ser quebrantados—ellos quieren ostentar. Usted no tiene que ser alguien que todo lo logra o tener un nivel elevado de inteligencia. Usted no tiene que ser extremamente talentoso. Todo lo que usted tiene hacer para ser usado por Dios es ser quebrantado lo suficiente para derramar su amor en Jesús. Si al hacerlo así, usted ha conseguido incurrir ganando un alma, entonces usted habrá vivido una vida que valga la pena recordar por toda la eternidad ante los ojos de Dios.

Quiero saludar a algunos hombres y mujeres que están viviendo vidas que vale la pena recordar.

1. Rindo homenaje a los padres y madres que apoyaron a sus hijos en las buenas y en las malas.

En Juan 18:25, la madre más famosa del mundo estaba al pie de la cruz, mientras su precioso Hijo era crucificado.

Ya a medio morir, Jesús tiernamente instruyó a Juan, el bien amado, que cuidara de Su madre. María estuvo presente cuando Él nació y estuvo presente cuando Él murió. Ella estaba allí para consolar a su Hijo en Su hora de tinieblas. Los hombres tratan de actuar con madurez, pero si se meten en problemas quieren que sus madres los consuelen. Jesús no era diferente. En Su hora de problema, Él quería que Su madre estuviera cerca. Tuvo que ser muy difícil para María ver a su Hijo que le precedía en la muerte.

A menudo, las personas son lo que son porque tuvieron en sus vidas a padres o abuelos que oraban por ellas. Algunos de ustedes que están leyendo este libro tienen padres que eligieron tenerlo a usted en vez de alcanzar grandes éxitos personales. Ellos pudieron haber ido a la universidad; pero decidieron mejor pagar por la enseñanza suya. Ellos ya pudieron haberse jubilado, o pudieron estar llevando un mejor estilo de vida, pero hicieron tremendo sacrificio para ayudarlo a usted a hacer las cosas que ellos nunca hicieron o ir a lugares donde ellos nunca han estado. Los hijos no siempre aprecian los enormes sacrificios que sus padres han hecho para asegurarles una mejor manera de vivir. Quiero elogiar a toda madre y padre que ha apoyado a sus hijos en las buenas y en las malas.

Quiero advertirle a usted que no ame a sus hijos hasta morirse por ellos. Algunas veces podemos amar a nuestros hijos tanto que prácticamente lindamos con la idolatría. Usted tiene que discernir cuando amar a su hijo para morir por él o amar a su hijo para vivir. Cuando les permite que le hablen irrespetuosamente sin disciplinarlos, usted los ama para que mueran, en vez de amarlos para que vivan. Algunas personas no preparan a sus hijos para la dura realidad del mundo en que vivimos. Cuando nosotros no les mostramos a nuestros hijos un amor duro, cuando a veces la disciplina es necesaria, estamos sembrando semillas de rebelión en ellos, las cuales los hacen pensar que las normas no se aplican a ellos.

Usted puede irse a los extremos al sacrificarse por sus niños. Cuando usted los ama al punto de no querer que nadie más pase tiempo con ellos, usted está yéndose al extremo con su amor. Cuando siente que nadie es lo suficientemente bueno como para casarse con ellos o ser novio de ellos, porque usted muy melindroso, su obsesión para con sus hijos les está haciendo daño, eso no les ayuda.

Ame a sus hijos, apóyelos y defiéndalos, como hizo María en aquel durísimo día de Su hijo mientras Él iba hacia la cruz. Nunca se de por vencido con sus hijos. Ámelos para que vivan, no para que mueran.

2. Rindo homenaje a madres, padres e hijos de las familias no tradicionales.

También quiero rendir homenaje a la madre que hizo lo mejor para su hijo, aunque fuera dándolo en adopción. No todos podrán estar de acuerdo con su decisión, pero al menos tuvo el valor de dar a luz al niño en vez de abortarlo. Se necesita valor para entregar a un hijo a una familia amorosa y estable.

La madre de Moisés lo escondió por tres meses debido al decreto del faraón que ordenaba matar a todos los niños varones de dos años o menos. Estoy seguro que fue una decisión difícil la de enviar a su bebé llorando río abajo, en el Río Nilo, en una canasta. Ella fue forzada a entregar su bebé. La adopción es un tema muy sensible. Millones de mujeres han tenido que ceder sus hijos por la fuerza o por elección, tratando de hacer lo mejor para sus hijos.

A medida que el embarazo en las adolescentes continúe aumentando, algunas escuelas superiores están designadas sólo para niñas preñadas. Cuando yo era joven, si una muchacha quedaba embarazada, su carrera académica estaba terminada. Ella era forzada a dejar la escuela.

Hoy en día, la familia está siendo redefinida. Millones de niños viven en hogares que no se ajustan al estereotipo de lo que se supone sea una familia tradicional.

Sólo porque usted es una familia con un sólo padre no quiere decir que su familia no puede funcionar bien ante los ojos de Dios. Por otro lado, sólo porque usted tiene un hogar perfecto con una familia con ambos padres no significa que usted tiene una vida maravillosa en el hogar.

> No permita que el dolor o la vergüenza de la familia le mantengan como rehén del pasado.

La familia ideal se establece con dos padres: la mamá y el papá criando juntos a sus hijos. Recuerdo que leí en la Biblia acerca de una familia tradicional que tenía ambos padres. La madre era ama de casa, el padre era granjero, trabajando con el sudor de su frente y tenían dos hijos. Tenían todo lo que deseaban en sus corazones; no necesitaban nada. Con todo, terminaron sin hogar. Y en una violenta disputa doméstica, uno de los hijos mató a su hermano.

Los padres eran Adán y Eva, los hijos eran Caín y Abel. De acuerdo a las normas del mundo, ellos eran una familia perfecta, viviendo en un ambiente perfecto. Sin embargo, llegaron a ser una familia muy disfuncional.

No permita que el dolor o la vergüenza de la familia le mantengan como rehén del pasado. La madre de Moisés tenía que entregar a su hijo, no porque ella no lo amara, ¡sino para salvarle la vida! Talvez usted fue criado por un padre, una abuela, o algún otro pariente. Talvez usted fue dado en adopción. Como resultado, sentimientos de indignidad pueden inundar sus emociones. ¿Por qué mi madre o mi padre me regalaron? Talvez, al igual que la madre de Moisés, los suyos hicieron lo que ella tuvo que hacer para salvar su vida.

La madre de Moisés hizo lo mejor para su hijo. Ella sabía que, bajo sus presentes condiciones, no le podría dar lo que él necesitaba. Más tarde, la hija del faraón adoptó a Moisés. Él vivió en la casa de alguien más, no con su verdadera madre. Sin embargo, él tuvo una mejor vida que la que hubiera tenido con su madre biológica. Gracias a Dios por personas que llevan a niños a sus hogares e invierten en sus vidas dándoles amor y tratándolos como suyos. Usted está viviendo una vida que vale la pena recordar.

3. Rindo homenaje a cada padre que ha criado a sus hijos solo.

En 1ra Reyes 17 leemos la historia de una viuda y su hijo viviendo en medio de una hambruna. El hogar de esta madre soltera vivía con un presupuesto muy estricto. La madre y el hijo estaban terminando su última comida.

Quizás usted haya tenido que hacer tremendos sacrificios trabajando dos trabajos o más, para hacerle frente a la crianza de sus hijos usted solo. Usted trató de hacer lo que era correcto para sus hijos, haciéndolo solo. El Congreso no parece poder balancear el presupuesto en Washington, D.C. Talvez ellos necesiten tomar lecciones de los asombrosos padres solteros que viven con sus hijos con un estrecho presupuesto para alimentarlos y vestirlos.

Le rindo homenaje. Usted está viviendo una vida que vale la pena recordar.

En 1ra Reyes 17, la viuda pobre abrió las puertas de su casa al profeta Elías. Cuando él le pidió que compartiera parte del alimento de sus escasas raciones, ella le explicó su deplorable circunstancia. Elías luego demostró los abundantes recursos de Dios para padres solteros que demuestran su fe en Él:

> *Elías le dijo: "No tengas temor; ve, haz como has dicho; pero hazme a mí primero de ello una pequeña torta cocida debajo de la ceniza, y tráemela; y después harás para ti y para tu hijo. Porque Jehová Dios de Israel ha dicho así: 'La harina de la tinaja no escaseará, ni el aceite de la vasija disminuirá, hasta el día en que Jehová haga llover sobre la faz de la tierra'" Entonces ella fue e hizo como le dijo Elías; y comió él y ella, y su casa muchos días.*
>
> (1ra Reyes 17:13–15)

Quiero rendir homenaje a las madres que han sido tiradas al camino. Es una píldora amarga de tragar, pero sucede todos los días. Cuando un hombre se divorcia de su esposa y deja a los hijos de su primer matrimonio, eso los hace desaparecer. Solamente porque un hombre consigue una nueva esposa y una nueva familia no quiere decir que la familia anterior deje de existir.

Puede que muchos de ustedes estén en situaciones similares. Alguien cerró el libro con usted y se fue al atardecer. Él no puede hacer mucho por su nueva familia; sin embargo, él se ha olvidado completamente de usted y de sus hijos. Vivimos en una sociedad donde ha llegado a ser normal que las personas se divorcien y sigan adelante como si nada hubiese pasado. Los hombres pueden dejar embarazada a una mujer y luego irse al atardecer buscando ser exitosos.

Dios, no obstante, está listo para protegerla. Si no llega ser amargada, Él la bendecirá a usted y a sus hijos. Yo tengo una palabra del Señor para usted: Aunque el padre de su niño nunca la bendiga a usted, ¡Dios la bendecirá! Levante su cabeza. No permita que nadie la haga sentirse avergonzada. Si usted no se vuelve amargada, Dios será *"padre de huérfanos y defensor de viudas"* (Salmos 68:5).

4. Rindo homenaje a los abuelos que crían a los hijos de sus hijos.

Quiero rendir homenaje a aquellos de ustedes que dieron a luz a los hijos que están criando, pero que han tomado a los hijos de alguien más, talvez el hijo de su hijo o hija.

Se estima que más de seis millones de abuelos están criando a sus nietos como suyos propios. A veces esto es debido a la adicción o estilo de vida inmoral de los hijos, los abuelos de gran corazón están abriendo las puertas de sus hogares y adoptando a sus nietos. Ellos están viviendo una vida de sacrificio al invertir en las vidas de sus nietos como si fueran sus propios hijos.

Al igual que la mujer que Jesús inmortalizó en las Escrituras, la suya es también una vida que vale la pena recordar.

DISCERNIENDO LA PRESENCIA DEL ESPÍRITU DE JESÚS

En Lucas 2, María, José y Jesús, su Hijo de doce años, habían llegado a Jerusalén para la Fiesta de la Pascua. La actividad religiosa había ocupado sus días. Saturados de todo lo que había sucedido en el templo, emprendieron el largo viaje de regreso a casa.

Ya a un día de camino, notaron que Jesús no estaba con ellos. María y José frenéticamente le buscaron entre todos los parientes del grupo, pero Jesús no fue encontrado.

He aquí la lección de la historia de cuando Jesús se perdió. Inmediatamente después de haber tenido una tremenda fiesta espiritual, María y José pierden la presencia de Jesús. Aunque viajaban en caravana con todos sus parientes y amigos religiosos, quienes se les habían unido en su ejercicio religioso, ¡ellos perdieron la presencia personal de Jesús!

Si hay una cosa que quiero que se quede con usted después de haber leído este libro, aunque se olvide de todo lo demás, es esto: ¡usted debe discernir bien para no perder la presencia personal del Espíritu de Jesús! Usted no puede darlo por sentado.

Cuando usted no esté en el templo, pregúntese: *¿Tengo Su presencia personal? ¿Estoy en compañerismo con Él y le permito entrar a mi casa?*

María y José tenían a Jesús con ellos en el templo. Lo perdieron camino a casa. Jesús no sólo quiere estar con usted en la iglesia. Él quiere que usted le permita entrar a su casa y participar en su vida diaria.

No vaya camino a casa para perder la presencia personal de Jesús. La persona poco probable para perder a Jesús era María, Su madre. Yo me pregunto si alguien Lo amaba y entendía tanto como María lo hizo. Ella estaba en Su círculo íntimo, pero María Lo perdió. ¡Tan cerca estaba de Jesús! Sus propias vidas estaban entretejidas. Él era parte de ella; ella era parte de Él. Sin embargo, ella Lo perdió. Aunque usted pueda llegar a estar muy cerca de Jesús, debe ser muy cuidadoso de no perderlo.

No solamente María lo perdió a Él, ella ni siquiera lo reconoció. Las Escrituras dice: *"Y pensando que estaba entre la compañía"* (Lucas 2:44). Ella pensó que Él estaba allí. ¿No es ese el peligro con todos nosotros? Damos demasiadas cosas por sentado. Pero no hacemos eso con nuestros negocios. No damos nada por sentado, cuidadosamente examinamos los libros y las hojas de balance. Mas cuando se refiere a nuestra relación con Cristo, nos sentimos cómodos con simplemente asumir que Él está en nuestra compañía.

Nótese una vez más que María y José estaban entre personas religiosas cuando perdieron a Cristo. No solamente María era la persona poco probable para perderlo a Él, no solamente Lo perdió y no lo reconoció, sino que ella también lo perdió en el lugar más inusual. ¿Dónde? No fue en un teatro, un casino o un club. Ella Lo perdió en el templo, entre las cosas santas, en el ambiente santo.

> Jesús no sólo quiere estar con usted en la iglesia. Él quiere que usted le permita entrar a su casa y participar en su vida diaria.

María y José vivieron tres días sin Él. Cuando finalmente encontraron a Jesús, lo encontraron donde lo habían perdido, en el templo. Al principio se lo reprocharon, pero Jesús les recordó que Él estaba en la casa de Su Padre—el templo—donde Lo habían dejado.

¿Dónde encontró el hijo pródigo a su padre? ¡Exactamente donde él lo había dejado!

Usted encontrará a Jesús donde Lo perdió. Si usted regresa allí, Él está listo para perdonar. *"Yo sanaré su rebelión, los amaré de pura gracia"* (Oseas 14:4).

Su legado espiritual

¿Cómo será recordado usted? ¿Qué clase de legado está usted edificando?

Oro para que, a medida que lee este libro, una nueva sensibilidad para las cosas espirituales sea activada en usted. Su discernimiento ha sido despertado. Usted es un hombre o mujer con propósitos. Usted está equipado con un don especial de Dios para alentar y levantar a todos los que le han sido asignados. Usted discernirá el susurro del temperamento e incluso reconocerá la tranquila y suave voz de Dios. Impulsos especiales del Espíritu Santo suavemente lo empujarán hacia el encuentro con la persona correcta, en los lugares correctos, a la hora correcta, cumpliendo así con los planes correctos para su vida. Oro para que su legado espiritual valga la pena ser recordado de generación en generación.

Acerca del Autor

Jentezen Franklin es el pastor de la *Free Chapel* (Capilla de Libertad), en Gainesville, Georgia, una congregación donde asisten semanalmente 10,000 personas. A través de su experiencia como pastor, maestro, músico y autor, el pastor Franklin busca ayudar a que las personas encuentren a Dios por medio de la adoración inspirada y una relevante aplicación de la Palabra de Dios en sus vidas diarias. Su programa nacional de televisión *Kingdom Connection* (Conexión del Reino), se ve semanalmente en horas de mayor audiencia por varias cadenas nacionales e internacionales.

El pastor Franklin es un orador popular en numerosas conferencias por todo el país y alrededor del mundo. Además, ha escrito varios libros, incluyendo la serie de mayor venta: *Fasting Volume I: The Private Discipline that Brings Public Reward* (*El Ayuno, Volumen I: Una disciplina privada que trae recompensa pública*), y, *Fasting Volume II: Opening a Door to God's Promises* (*El Ayuno, Volumen II: Abriendo una puerta a las promesas de Dios*).

Franklin y su esposa Cherise, viven en Gainesville con sus cinco maravillosos hijos.

Este Es Su Momento
Eddie Long

Como creyentes, ¿hemos permitido que el mundo nos silencie? Permitiendo que lentamente corroa nuestro derecho a la libre expresión…Aprobando leyes que dicen que el matrimonio no necesariamente es entre un hombre y una mujer…Que el asesinato es bueno…Que está mal el desplegar los Diez Mandamientos…¿Es eso realmente igualdad para todos, excepto para los cristianos? Únase a Eddie Long para reclamar lo que ha sido perdido.Él le inspirará a levantarse, tomar autoridad y valientemente afirmar su poder como creyente. ¡Cristianos, hablen! Ahora es el momento para que se escuche nuestra voz unificada, para tomar una posición y permanecer juntos. Este es nuestro momento.

ISBN: 978-0-88368-791-8 • Rústica • 192 páginas

www.whitakerhouse.com

Los Principios y el Poder de la Visión
Dr. Myles Munroe

El autor de best-sellers, Dr. Myles Munroe explica la
forma cómo tú puedes llegar a hacer de tus sueños y
de tus esperanzas una realidad viviente. *Los Principios y
el Poder de la Visión* te va a proveer con principios que
han sido probados a través de los tiempos, y que te
van a capacitar para poder llevar a cabo tu visión, sin
importar quién eres tú, o de dónde vienes tú.

ISBN: 978-0-88368-965-3 • Rústica • 272 páginas

WHITAKER
HOUSE

www.whitakerhouse.com

10 Maldiciones que Bloquean la Bendición
Larry Huch

¿Sufre usted de depresión, disfunción familiar, infelicidad conyugal u otros problemas y no puede superarlos? En las páginas de este innovador libro, *10 Maldiciones que Bloquean la Bendición*, Larry Huch comparte su experiencia personal con una vida de enojo, drogadicción, crimen y violencia. Él muestra cómo rompió esas maldiciones, y, revela cómo usted puede reconocer las señales de una maldición, ser libertado de las maldiciones generacionales, y poner fin a los ciclos de abuso y violencia. Usted no tiene que batallar más. Decídase a revolucionar su vida. ¡Usted puede darle marcha atrás a las maldiciones que bloquean sus bendiciones!

ISBN: 978-0-88368-585-3 • Rústica • 256 páginas

WHITAKER
HOUSE

www.whitakerhouse.com